看不懂财报，就炒不好股票

投资人用的财务指标【实战详解】

私募基金职业操盘手 **吴晶** 著

立信会计出版社
LIXIN ACCOUNTING PUBLISHING HOUSE

图书在版编目（CIP）数据

看不懂财报，就炒不好股票/吴晶著.－－上海：
立信会计出版社，2015.8
　　（擒住大牛/荣千主编）
　　ISBN 978-7-5429-4675-1

　　Ⅰ.①看… Ⅱ.①吴… Ⅲ.①会计报表－基本知识
Ⅳ.①F231.5

　　中国版本图书馆CIP数据核字(2015)第115051号

策划编辑　蔡伟莉
责任编辑　余　榕
封面设计　久品轩

看不懂财报，就炒不好股票

出版发行	立信会计出版社		
地　　址	上海市中山西路2230号	邮政编码	200235
电　　话	（021）64411389	传　　真	（021）64411325
网　　址	www.lixinaph.com	电子邮箱	lxaph@sh163.net
网上书店	www.shlx.net	电　　话	（021）64411071
经　　销	各地新华书店		

印　　刷	廊坊市华北石油华星印务有限公司		
开　　本	787毫米×1092毫米	1/16	
印　　张	17.75	插　　页	1
字　　数	280千字		
版　　次	2015年8月第1版		
印　　次	2015年8月第1次		
书　　号	ISBN 978-7-5429-4675-1/F		
定　　价	42.00元		

投资大师巴菲特早在师从格雷厄姆的时候就学会了阅读财务报表(简称财报)的每个细节,以及如何发现其中的舞弊行为。更为精髓的是,格雷厄姆教会他如何从一家公司的公开信息中得到对其证券价值的客观评判。

有人说:"巴菲特对企业的洞察不是看报表或走访企业看出来的",果真如此吗?不久前,巴菲特重访中国,中央电视台的记者在大连对他进行了采访。记者问:"听说您1年看1万多份年报,是真的吗?"巴菲特回答道:"读年报像其他人读报纸一样,每年我都读成千上万份,我不知道我读了多少。不过像中石油,我读了2002年4月的年报,而且又读了2003年的年报,然后我决定投资5亿元给中石油。仅仅根据我读的年报,我没有见过管理层,也没有见过分析家的报告,但是非常通俗易懂,是很好的一个投资。"记者问:"您最关心年报中的哪些方面?"巴菲特回答道:"学生总是问我这个问题,但是所有的年报都不同,如果你要找个男人的话,什么样的吸引你,是有体育才能的,还是帅的,还是聪明的?所以看企业也有不同的方法,一个企业到另外一个企业,我看的是不同的东西。根本性地来说,我是看企业的价值。"

巴菲特主张,投资人应把自己当成经理人。可见了解财报数字背后的含义，对于投资人来说，是迫切需要的。深入了解企业创造财富的活动。投资人可从财报解析企业竞争力，或从企业公布的财务数据发现其不合理之处，从而作出正确的投资决策。

本书从财务角度入手，教导普通投资人如何看懂财报、重点看什么、如何识破财报粉饰陷阱，对于投资人保护自己的利益提供了妙方。

本书既避免了各教材内容的重复，又保持了本书体系的完整，借助于企业财报及其附注，系统地介绍了财务分析的基本理论和方法。本书全面、系统地阐述通过财报分析企业经营能力的思路和方法；将分析的视角拓展到财报以外的其他财务信息；重点介绍了合并财报的分析方法；结合近年来鲜活的上市公司有关财报信息实例展开点评，让读者看得懂、用得上。

目录

contents

资产负债表分析

利润表分析

现金流量表分析

成本费用报表分析

企业合并财报分析

财报综合分析

财报附注分析

财报的粉饰与识别

掌握财报分析的基础

第1招　明确分析财报目的何在

从财报分析中受益的主要是财报使用者，即企业的利益关系人。他们拿到财报后，要进行分析，获得对自己有用的信息。财报的使用者很多，包括权益投资人、债权人、经营者、监管部门和股民等。他们使用财报的目的不同，因而需要不同的信息，采用不同的分析程序。

1.权益投资人分析财报的目的

权益投资人即普通股东。企业对权益投资人并不存在偿还的承诺。普通股东投资于企业的目的是增加自己的财富。他们的财富表现为所有者权益的价格，即股价。影响股价的因素很多，都是他们所关心的，包括偿债能力、收益能力以及风险等。

按照企业法的规定，普通股东是剩余权益的所有者，企业偿付各种债务之后的一切收益都属于普通股东。正因为如此，企业要由普通股东或其代理人来管理和控制。与此同时，普通股东也是企业风险的最后承担者。在正常营业过程中，企业只有在支付债权人的利息和优先股利之后，才能分配普通股利。一旦企业清算，其资产必须先用来清偿债务及保障优先股东的权益，然后才能分配给普通股东。普通股东不但要承担企业的一切风险，而且还是债权人和优先股东的屏障。

权益投资人的主要决策包括：决定是否投资于某企业，决定是否转让已经持有的股权，考查经营者业绩以决定是否更换主要的管理者，决定股利分配政策。

由于普通股东的权益是剩余权益，因此他们对财报分析的重视程度会超过其他利益关系人。权益投资人进行财报分析，是为了在竞争性的投资机会中作出选择。他们进行财报分析，主要是了解企业当前和长期的收益水平高低，企业收益是否容易受重大变动的影响，企业当前的财务状况如何，企业资本结构决定的风险和报酬如何，与其他竞争者相比企业处于何种地位。

2. 债权人分析财报的目的

债权人是指借款给企业并得到企业还款承诺的人。借款都是有时间限制的，或者说借款只是"暂时"的融资来源。债权人期望企业在一定期限内偿还其本金和利息，自然关心企业是否具有偿还债务的能力。债权人有多种提供资金的方式，其提供贷款的目的也不尽相同。债权人大体上可以分为两种：一种是提供商业信用的赊销商；另一种是提供融资服务的金融机构。

商业债权人在向企业提供商品或服务时，往往为了扩大销售量而允许企业在一个合理的期限内延期付款。这个期限根据行业惯例确定。为了尽早收回款项，商业债权人可以为企业提供现金折扣，如果企业延期还款，商业债权人经常得不到延期的利息。商业债权人的利润直接来源于销售的毛利，而不是借款的利息，因此他们只关心企业是否有到期支付货款的现金，而不关心企业是否盈利。

提供融资服务的债权人也叫非商业债权人。他们向企业提供融资服务，并得到企业的承诺——在未来的特定日期偿还借款并支付利息。融资服务的主要形式是贷款，包括短期贷款和长期贷款。企业也可以通过在证券市场公开发行债券来获得长期借款，但目前，在我国企业发行债券受到严格限制，并非经常可以采用这种方式。此外，还有租赁等筹资方式。

债权人可以分为短期债权人和长期债权人。短期债权是指授信期不超过1年的信用，如银行短期贷款、商业信用和短期债券等。长期债权是指授信期在1年以上的信用，如银行长期贷款、长期债券和融资租赁等。短期债权人主要关心企业当前的财务状况和企业流动资产的流动性、周转率。他们希望企业的实物资产能顺利地转换为现金，以便偿还到期债务。长期债权人主要关心企业的长期收益能力和资本结构。企业的长期收益能力是其偿还本金和利息的决定性因素。资本结构可以反映长期债务的风险。

短期信用和长期信用的共同特点是，企业需要在特定的时间支付特定数额的现金给债权人。偿付的金额和时间不因企业经营业绩好或不好而改变。但是，一旦企业运营不佳或发生意外，陷入财务危机，债权人的利益就会受到威胁。因此，债权人必须事先审慎分析企业的财报，并且给予企业持续性的关注。

债权人的主要决策包括决定是否给企业提供信用，以及决定是否提前收回债权。债权人要在财报中寻找借款企业有能力定期支付利息和到期偿还贷款本金的证明。他们进行财报分析，主要是了解企业为什么需要额外筹集资金，企业还本付息所需资金的可能来源是什么，企业对于以前的短期借款和长期借款是否按期偿还，企业将来在哪些方面还需要借款。

3. 经营者分析财报的目的

经营者是指被所有者聘用的、对企业资产和负债进行管理的人。经营者关心企业的财务状况、盈利能力和持续发展的能力。他们管理企业，要随时根据变化的情况调整企业的经营，而财务分析是他们监控企业运营的有力工具之一。他们可以根据需要随时获取各种会计信息和其他数据，因而能全面地、连续地进行财报分析。

经营者可以获取外部使用人无法得到的内部信息。但是，他们对于公开财报的重视程度并不低于外部使用人。由于存在被解雇的威胁，他们不得不从外部使用人（债权人和权益投资人）的角度看待企业。他们通过财报分析，发现有价值的线索，设法改善业绩，使得财报能让投资者和债权人满意。他们分析财报的主要目的是改善财报。经营者的财务分析属于内部分析，他们可以获得财报之外的企业内部的各种信息，其他人员的财务分析属于外部分析。

4. 监管部门分析财报的目的

政府机构也是企业财报的使用人，包括税务部门、国有企业的管理部门、证券监管机构、会计监管机构和社会保障部门等，它们使用财报是为了履行自己的监督管理职责。

我国的政府机构既是财报编制规范的制定者，又是会计信息的使用者。税务部门通过财报分析，可以审查企业纳税申报数据的合法性；国资委通过财报分析，可以评价国有企业的政策的合理性；证券管理机构通过财报分析，可以评价上市公司遵守政府法规和市场秩序的情况；财政部门通过财报分析，可以审查企业遵守会计法规、财报编制规范的情况；社会保障部门通过财报分析，可以评价职工的收入和就业情况。

5. 股民分析财报的目的

股民通过分析资产负债表，可以了解公司的财务状况，对公司的偿债能力、资本结构是否合理、流动资金是否充足作出判断。

股民通过分析利润表，可以了解分析公司的盈利能力、盈利状况和经营效率，对公司在行业中的竞争地位、持续发展能力作出判断。

股民通过分析现金流量表，了解公司营运资金管理能力，判断公司合理运用资金的能力以及支持日常周转的资金来源是否充分并且有可持续性。例如，青松建化（600425）在2008年度的经营活动现金净流量为1.97亿元，而全年最后现金净流量为-3.57亿元，为什么会出现这样的关联数据？钱花到哪里去了？了解这些信息，才是股民分析财报的目的和意义。

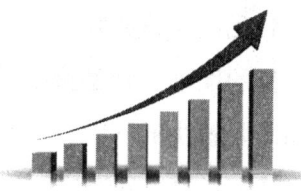

第2招　确定分析财报的原则

　　财报分析的原则是指各类报表使用者在进行财务分析时应遵循的一般规范。它可以概括为目的明确原则、实事求是原则、全面分析原则、系统分析原则、动态分析原则等。

1. 目的明确原则

　　目的明确原则是指报表使用者在分析和计算之前，必须清楚地理解分析的目的即要解决的问题；否则，即使计算机和数据库技术的发展使分析的工作量大为减少，整个分析过程也仅是毫无用处的数字游戏而已。

　　财报分析的过程，可以说是"为有意义的问题寻找有意义的答案"的过程。要解决的"问题"必须是有意义的，并且是明确的。

2. 实事求是原则

　　实事求是原则是指在分析时应从实际出发，坚持实事求是，反对主观臆断和"结论先行"，不能搞数字游戏。

3. 全面分析原则

　　全面分析原则是指分析者要全面看问题，坚持"一分为二"地看问题，反对片面地看问题。报表分析者要同时注意财务问题与非财务问题、有利因素与不利因素、主观因素与客观因素、经济问题与技术问题、外部问题与内部问题等。

4. 系统分析原则

　　系统分析原则是指分析者应注重事物之间的联系，坚持全面地看问题，反对孤立地看问题。分析者要注意局部与全局的关系、报酬与风险的关系、偿债能力与收益能力的关系等，从总体上把握企业的状况。分析时要有层次地展开，逐步深入，不能仅仅根据一个指标的高低就做出结论。

5. 动态分析原则

动态分析原则是指分析者应当发展地看问题，反对静止地看问题。两个企业的收益率相同，并不表明它们的收益能力一样，这就如同两个人在解剖学意义上可能没有太大区别，但他们在运动时表现出来的差别可能很大。动态分析原则要求对事物进行"活着的观察"，在运动中看局部和全局的关系，寻找过去和未来的联系。

财报本身是"过去"的经济业务的综合反映，人们的决策是关于未来的。未来不会是历史的简单重复，但却是历史的延续。财报分析者要注意企业的过去、现在和未来的关系。

股民在分析上市公司财报时要注意把前后2年甚至3年的报表结合起来看，才能全面、动态地分析其发展脉络，不仅要看数字报表，而且要重视报表附注中的文字阐述，因为这些都是有助于投资者理解财报的重要信息。例如，青松建化（600425）在2008年年报中阐述到：利用募集资金建设的和田日产2 000吨熟料新型干法水泥生产线完成设备安装调试，并已于2007年12月29日试点火，于2008年6月投产，2008年产生利润总额491.37万元；本部日产3 000吨熟料新型干法水泥生产线于2008年12月底点火，将于2009年3月投产，该条生产线的投产使公司水泥产能从410万吨扩大到500万吨以上。这就很好地解释了第1招的例子中为何经营活动现金净流量为1.97亿元，而全年最后现金净流量为-3.57亿元的问题。原来经营得来的资金用于投资上马新项目了。

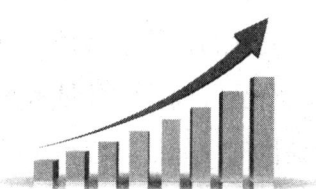

第3招　弄清财报分析的要求

企业财务信息是进行财报分析的基础，没有及时、完备和准确的信息，要保证财报分析的正确性是不可能的。

为了保证财报分析的质量与效果，企业财务信息必须满足以下要求。

1. 财务信息的真实性、可靠性

企业应当以实际发生的交易或者事项为依据进行会计确认、计量和报告，如实反映符合确认和计量要求的各项会计要素及其他相关信息，保证会计信息真实可靠、内容完整。

企业提供的会计信息应当与财报使用者的经济决策需要相关，有助于财报使用者对企业过去、现在的情况作出评价，对企业未来的情况作出预测。企业提供的会计信息应当清晰明了，便于财报使用者理解和使用。企业提供的会计信息应当具有可比性：同一企业不同时期发生的相同或者相似的交易或者事项，应当采用相同的会计政策，不得随意变更，确需变更的，应当在附注中说明；不同企业发生的相同或者相似的交易或者事项，应当采用规定的会计政策，确保会计信息口径一致、相互可比。企业应当按照交易或者事项的经济实质进行会计确认、计量和报告，不应仅以交易或者事项的法律形式为依据。企业提供的会计信息应当反映与企业财务状况、经营成果和现金流量等有关的所有重要交易或者事项。企业对交易或者事项进行会计确认、计量和报告时，应当保持应有的谨慎，不应高估资产或者收益，低估负债或者费用。

2. 财务信息的完整性、系统性

所谓财务信息的完整性，是指财务信息必须在数量上和种类上满足财报分析的需要。缺少分析所需要的某方面信息，势必影响分析结果的正确性。财务信息的系统性，一方面是指财务信息要具有连续性，尤其是定期财务信息，一定不能当期分析结束后就将信息丢掉，而应保持信息的连续性，为趋势分析奠定基础；另一方面是指财务信息的分类和保管要有科学性，以方便不同目的的财务分析的需要。

3. 财务信息的准确性、及时性

财务信息的准确性是保证财务分析结果正确性的关键，分析者基本上不可能从不准确的财务信息中得出正确的分析结论。财务分析信息的准确性既受信息本身正确性的影响，又受资料整理过程准确性或信息使用准确性的影响。分析者尤其要对企业外部信息的范围和计算方法等有全面准确的了解，在分析时应结合企业具体情况进行数据处理；否则，可能影响分析的质量。

财务信息的及时性是指根据不同的财务分析目的和要求，能及时提供分析所需的信息。定期财务分析信息的及时性决定着定期分析的及时性。企业对于已经发生的交易或者事项，应当及时进行会计确认、计量和报告，不得提前或者延后。只有及时编报财报，才能保证财报分析的及时性。对于不定期的财务信息也要注意及时收集和整理，以便在需要时能及时提供，保证满足临时财务分析的需要。特别是对有关决策性的分析而言，财务分析的及时性尤其重要，因为如果错过了时机，分析就失去了意义。

4. 财务信息披露的充分性、相关性

企业对外披露的会计信息具有某些类似"公共产品"的性质，而公共产品往往存在市场供给不足或市场短缺的问题，解决这一问题的途径便是通过监管加以干预。在会计信息披露过程中，居于主导地位、常为人们关注的是作为供给方的企业，但在规范企业财务报告行为的同时，也不能忽视会计信息使用者的需求。来自于需求方的反馈信息不但为强制披露指出了方向，而且也会影响企业自愿披露的会计信息的内容和数量。只有把供给方和需求方联合起来加以考虑，才能使输出的会计信息是有效信息，也就是说，会计信息披露的第一要求是解决会计信息的供给与需求。

会计信息披露的第二要求是考虑有效信息的收益与成本原则。有效信息的收益：一是针对资本市场，也就是说有效信息能够改善资本配置的效果，使用户重新快速地配置资源，从而提高整个社会的福利；二是保护消费者和公众

的利益，有利于社会，有利于考核一个企业对受托社会责任的履行情况。有效信息的成本是指披露信息的企业成本，包括处理和提供信息的成本、诉讼和成本劣势竞争的影响等。完善的信息披露制度、体制是搞好财报分析的重要前提条件，因此，要建立、健全信息市场，完善信息网络，使财务信息使用者能充分、及时地取得各种会计信息。

财务信息的相关性包含两层含义：一是知道各种财务信息的用途，如资产负债表能提供哪些信息，用这些信息可进行什么分析，利润表的信息可用于何种分析等；二是知道要达到一定的分析目的需要什么信息，如进行企业偿债能力分析需要的主要信息是资产负债表，进行盈利能力分析需要的主要信息是利润表。只有明确了这两点，才能保证会计信息收集与整理的准确性、及时性。

股民尤其要注意上市公司年报信息的准确和及时性，对于其中的过期信息要警惕，不要受到误导。例如，青松建化（600425）在2009年4月3日公布的年报中披露的股东人数信息其实已经滞后3个多月了，如要关注其股东人数，应当进一步看该股票在2009年1季度报表中列示的数据。

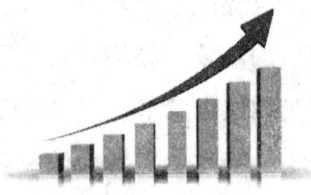

第4招　分析财报的内容

尽管不同利益主体进行财报分析有着各自的侧重点，但就企业总体来看，财报分析的内容主要包括以下几个方面。

1. 资本结构分析

企业在生产经营过程中周转使用的资金，是从不同的来源取得的（包括从债权人借入和企业自有两大部分），又以不同的形态分配和使用（包括流动资产、固定资产、无形资产和其他资产等）。资本结构的健全和合理与否，直接关系到企业经济实力的充实与否和经济基础的稳定与否。如果资本结构健全、合理，企业的经济基础就比较牢固，就能承担各种风险；反之，如果资本结构不健全、不合理，企业的经济基础就比较薄弱，难以承担各种风险。分析资本结构，无论对企业的经营者、投资者或债权人，都具有十分重要的意义。

2. 偿债能力分析

企业在生产经营过程中，为了弥补自有资金的不足，经常通过举债来筹集部分生产经营资金。但是举债必须以能偿还为前提。如果企业不能按时偿还所负债务的本息，那么企业的生产经营就会陷入困境，以致危及企业的生存。因此，对于企业经营者来说，通过财务报告分析，测定企业的偿债能力，有利于其作出正确的筹资决策和投资决策；而对债权人来说，偿债能力的强弱是其作出贷款决策的基本和决定性依据。

3. 获利能力分析

获利能力即赚取利润的能力。获取利润是企业生产经营的根本目的，也是投资者投资的基本目的。获利能力的大小显示着企业经营管理的成败和企业未来前景的好坏，因而是企业经营者和投资者进行财报分析的重点。

4. 资金运用效率分析

企业筹集资金的目的是为了使用。如果资金得到充分有效的使用，则企业必能获得较多的收入，而且能减少对资金供应量的需求；反之，如果筹集到的资金得不到充分有效的使用，不仅不能给企业带来利益，而且还会给企业带来负担。因此，资金利用效率的高低，直接关系到企业获利能力的大小，预示着企业未来的发展前景，因而是企业经营者和投资者进行财报分析的一项重要内容。

5. 现金流量分析

通过对现金流量表的分析，为财务报告的使用者提供企业在该会计期间内现金流入、现金流出以及现金净流量信息，估量企业现金的产生能力和使用方向，反映企业现金在流动中增减变动情况，从现金流量的角度来揭示企业的财务状况。

例如，对城投控股（600649）资产结构的分析可以看出，2007、2008年和2009年上半年度的负债率分别为49%、40%和47%，总体上看是一个比较均衡的资产负债比例。进一步看对应的流动比例分别为1.6、1.6和2.1，说明偿债能力比较理想，不存在短期还款压力。

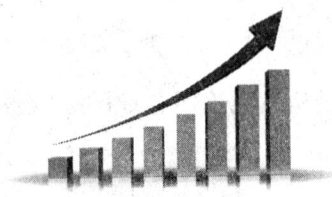

第5招　确定财报分析的基本程序

　　财报分析的关键是收集到足够的、与决策相关的各种财务资料，进行分析并解释这些资料间的关系，发现报表异常的线索，作出确切的判断，得出正确的分析结论。根据这一思路，财报分析的程序可以概括为：

　　第一，收集与决策相关的各项重要财务资料，包括定期财务报告、审计报告、招股说明书、上市公告书和临时报告、相关产业政策、行业发展背景、税收政策等。

　　第二，整理并审查所收集的资料，通过一定的分析手段提示各项信息间隐含的重要关系，发现分析的线索。

　　第三，研究重要的报表线索，结合相关的资讯，分析内在关系，解释现象，推测经济本质。

　　第四，作出判断，为决策提供依据。

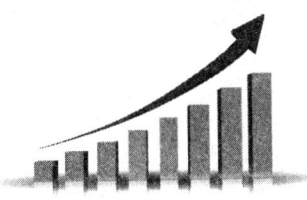

明确财报分析的工具

第6招 确立财报分析评价标准书

哲学上强调目的与手段的统一，说的就是为了达到什么样的目的，可能就需要什么样的手段相匹配。明确财报分析的目的是我们有针对性地选取相应的分析手段的基础和根据。

当你看到公司2008年利润表中的底线数字（净利润）为800万元，请问这是什么概念？它表达了什么意义？对你的投资决策又有什么启发？孤立地看，这恐怕对你毫无用处，它甚至不值得你为此驻留片刻的目光。这道理很简单，投资总额为1亿元获得800万元净利润与投资1 000万元获得同样的净利润显然是不可同日而语的。财报中的数据必须放在一定的语境中予以透视才能现出原形，也必须在与其他数据的比较中才能展示自己的价值真谛。由此看来，这也就显示了分析工具的重要作用，借助于一定的分析工具，并通过对这些工具的熟练和灵活运用，摆在你面前的枯燥的数字就会透出灵气，发出光芒，你就能透过财报，由表及里、由浅入深，对于数据背后的故事进行发掘，从中发现企业经营的绩效问题，并据以作出相应的决策。这样的分析工具常见的有水平分析法、垂直分析法、比率分析法、趋势分析法和因素分析法等。后面将向你一一打开这个工具箱，学会运用并充分掌握这些分析工具，你就会像熟练的剪纸匠一样，拿着剪刀随心所欲地裁出各式各样的图案来。

确立评价标准是财报分析的一项重要内容，这个标准就是一个参照物，是赖以进行比较的基准。而所谓的比较分析则是一种宽泛的称谓，下面要讲述的大多数分析工具，都可以嵌套于比较分析的框架中加以展开。比较见异同，比较分优劣，比较出真知。所谓决策，不过就是一个比较和选择的问题。然而不同的财报分析评价标准，会对同一分析对象得出不同的分析结论。正确确定或选择财报分析评价标准，对于发现问题、找出差距和正确评价有着十分重要的意义与作用。通常而言，在实务当中可供选择的分析评价标准主要有三种：预期标准、行业标准和历史标准等。如果有可能，最好是对这些标准一个都不放过。

1. 预期标准

预期标准是指企业根据自身经营条件或经营状况预期可能达到的一种标准，这种标准可能来自企业的预算和计划，也可能来自分析师的预期。在预算管理基础较好的企业（几乎每一个上市公司都进行不同程度的预算管理），建立在预算基础上确立的目标标准作为一个现成的指标，在公司内部，很自然地就被用作评价标准，并有助于分析判断企业实际运行状况与预算目标之间的差异，进行成因分析，但它不太适合于外部的财报分析。对于上市公司而言，来自分析师的预期（市场预期）恐怕更是一个公司期望达到的指标。这个指标比较敏感又值得玩味，令公司如临大敌和严阵以待。在如今发达的资本市场上，证券分析师行业几乎到了翻手为云、覆手为雨的地步，公司业绩因为达不到分析师预期，其市场表现可能一落千丈，很多公司会为了分析师预期而不惜进行会计造假。科学合理的预期标准有其优越性，可用来考核评价公司绩效以及企业总体目标的实现情况。但使用预期标准时应注意它的局限性，并避免它的确定受到人为因素影响而缺乏客观依据等。

2. 行业标准

行业标准是财务分析中广泛采用的标准，它是按行业制定的，可反映行业财务状况和经营状况的基本水平，行业标准也可指同行业某一比较先进企业的业绩水平。企业在财务分析中运用行业标准，可说明企业在行业中所处的地位与水平。行业比较分析是进行财报分析最重要的方面之一，它体现了公司在同行业中所处的地位及其竞争力水平，也便于公司贯彻"知己知彼，百战不殆"的战略思想。但运用行业标准仍然需要慎重，并注意以下三个限制条件：第一，同行业内的两个公司并不一定是可比的，因为它们可能占据同一行业价值链中的不同环节，也可能存在不同的供应链渠道，导致它们之间的发展思路和盈利模式并不相同。第二，现在很多大公司开展跨行业和多元化经营，公司的不同经营业务可能有着不同的盈利水平和风险程度，这时用行业统一标准进行评价显然是不合适的。解决这一问题的方法是充分利用和分析各公司的分部报告。第三，应用行业标准还受企业采用的会计政策的限制，同行业企业如果采用不同的会计政策，也会影响评价的准确性。这需要在解读公司财报的时候，对相应的附注信息予以必要关注。

3. 历史标准

历史标准是指以企业过去某一期间的实践活动所形成的实际业绩为标准。历史标准是企业曾经达到的水平，以此为准，有据可依，相对而言也比较现实，这对于评价企业自身财务状况、经营成果和发展形势是否改善是比较有益的。常用的历史标准又有三种形式：一是企业历史上曾经达到的最好水平，但需要考虑现实条件的变化，及其实现的可能性；二是选择企业正常经营条件下的业绩水平，这个要求不算是太高；三是选择刚过去的那一时期的历史水平作为评价标准，这也是企业经常选择的标准，比较财报也提供了这方面的便利。历史标准局限性在于"未来未必是历史的自然延伸"，采用历史标准显得有些保守，可能会因为时过境迁而今非昔比。此外，历史标准的适用范围也比较窄，只能说明企业自身的发展变化，有"闭门造车"之嫌，不能全面评价企业在同行业中的地位与水平。这对于财报分析和外部分析而言是远远不够的。

股民在看一个上市公司的指标时还要参考其他上市公司的指标才能得出合理评价。例如，对城投控股（600649）的获利能力进行评价时参考同类上市公司指标见表6-1。

表6-1　　　　　　　　　获利能力参考表

代码	简称	销售毛利率（%）	排名	销售净利率（%）	排名	净资产收益率（%）	排名	每股收益（元）	排名
600323	南海发展	45.87	6	22.90	6	7.85	3	0.28	1
000826	合加资源	39.69	2	21.38	2	9.95	1	0.25	2
600649	城投控股	37.38	8	26.72	8	5.02	6	0.23	3
600461	洪城水业	36.18	7	14.60	7	4.69	7	0.17	4
000544	中原环保	39.70	1	22.46	1	8.61	2	0.16	5
600874	创业环保	56.70	9	21.74	9	6.17	5	0.14	6
600008	首创股份	40.11	3	13.93	3	4.01	8	0.08	7
600168	武汉控股	-13.04	4	23.03	4	2.52	9	0.08	8
600187	ST国中	40.19	5	27.76	5	6.66	4	0.05	9
900935	阳晨B股	29.25	10	4.91	10	1.43	10	0.03	10

第7招　水平分析法的运用

1. 何谓水平分析法

水平分析法通常是指将当期有关财报数据及其拓展资料等，与本企业过去同类数据资料进行对比分析，据以发现企业相关绩效、能力和财务状况等相关考察对象是否较以往有一定的进步等。在实务中，这类水平分析法所进行的比较分析，通常并不是用于单指标对比，而是对反映某方面情况的报表整体进行比较和分析，这对于财报而言正适合不过，故有专家学者把水平分析法也称为财报分析法，当前财报要求提供可比财报数据，也正好方便了水平分析工具的使用。

借助于水平分析方法，财报使用人可以发现企业财务状况较以往是不是有所好转，其经营绩效和现金流量状况是不是比过去有所进步，有助于对企业的整体经营和管理状况作出客观的评价。

2. 水平分析工具的使用方法

使用水平分析工具的基本要点在于，将财报资料中当期财务数据与以往某一时期的同项数据进行对比，进一步计算其变动额和变动率。水平分析法下进行对比的方式有以下两种。

一是绝对数方面的增减变动，其计算公式为：

绝对值变动数量=分析期某项指标实际数-基期同项指标实际数

二是增减变动率，其计算公式为：

变动率（％）=变动绝对值/基期实际数量×100％

以上两式中所说的基期，可指上年度，也可指以前某年度。财报使用人在进行水平分析中最好同时进行变动数额和变动率两种形式的对比，因为仅以某种形式对比，可能会得出片面乃至错误的结论。

　　水平分析法是一个基本的财报分析工具，它有助于将企业报告期的财务会计资料与前期对比，揭示各方面存在的问题，对全面深入分析企业财务状况奠定了基础。在实务当中，可以对水平分析法加以拓展，即将财报中的分析对象在同类企业之间进行对比分析，以找出企业间存在的差距；与计划或预算作比较，考察计划执行或完成情况；与先进水平作比较，以发现差距和不足，进一步寻求努力方向等。这其实就变成了一般的比较分析了。进一步地，下文要讲述的垂直分析数据以及各种财务指标，其实都可以通过水平分析方式进一步发掘其相关信息含量，以增进对企业相关情况的理解力和洞察力。

　　例如，股民对中国南车（601766）进行水平分析法分析其财报时，可列举过去几个比较会计期间的有关财务状况指标比较见表7-1。

表7-1　　　　　　　　　　　财务状况指标比较表

财务指标（单位）	2009-09-30	2009-06-30	2009-03-31	2008-12-31
每股收益（元）	0.0900	0.0500	0.0200	0.1600
每股收益扣除（元）	0.0800	0.0500	0.0200	0.1400
每股净资产（元）	1.4100	1.3800	1.3700	1.3600
净资产收益率（%）	6.2100	3.8400	1.1900	8.6200
每股资本公积金（元）	0.2408	0.2402	0.2403	0.2398
每股未分配利润（元）	0.1678	0.1328	0.1282	0.1119
主营业务收入（万元）	2 936 313.9000	1 858 031.6000	737 497.1200	3 576 814.7100
投资收益（万元）	11 058.6000	6 312.4000	1 249.0300	23 164.4000
净利润（万元）	103 984.6000	62 633.7000	19 284.0900	138 424.0300

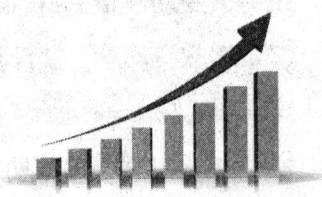

第8招　垂直分析法的运用

1. 何谓垂直分析法

垂直分析法通常是指仅就同一考察期间内的财报有关数据资料，计算总体与部分之间的比例，对于某报表项目构成及各项目所占总体的比重进行分析。垂直分析法也是对财报进行分析的一种常用方法，财报按照垂直分析法加工后，据以得到的分析资料，通常被称为同比报表（即共同比报表）或同度量报表。

顾名思义，垂直分析是一种纵向分析，而上述水平分析属于横向分析思路。相对于水平分析而言，垂直分析并不是将企业报告期的分析数据直接与基期进行对比，求出增减变动量和增减变动率，也不是其他同类项目之间的比较，而是一种构成分析，考察的是相关结构安排情况。其基本点是通过计算报表中各项目占总体的比重或结构，反映报表中的项目与总体关系情况及其变动情况。在会计实务中，常见的同比资产负债表和同比利润表等，都是应用垂直分析法得到的。

2. 垂直分析工具的使用方法

以同比财报为例，垂直分析法的主要用法和步骤如下。

第一，确定相关财报中各项目占总额的比重或百分比，其计算公式是：

某项目的比重=该项目金额/各项目总金额×100%

对于同比资产负债表而言，项目总额指的是资产总额，在同比利润表中，项目总额一般使用营业收入项目金额。

第二，通过各项目的比重，分析各项目在企业经营中的重要性。一般项目比重越大，说明其重要程度越高，对总体的影响越大。

第三，与水平分析法相结合，将分析期各项目的比重与前期同项目比重对比，研究各项目的比重变动情况，为进一步的"优化组合"提供思路。也可将本企业报告期项目比重与同类企业的可比项目比重进行对比，研究本企业与同类企业相比还存在哪些优势或差距，据以考察其在同行业中的工作水平和地位的高低。

例如，股民对中国南东（601766）进行垂直分析法分析其财报中的资产、负债结构和偿债能力时，可列举有关财务状况指标比较见表8-1。

表8-1　　　　　　　　　　　财务状况指标比较表

财务指标（单位）	2009-09-30
资产总额（万元）	5 470 408.70
负债总额（万元）	3 506 460.50
流动负债（万元）	3 195 276.00
货币资金（万元）	982 267.50
应收账款（万元）	910 098.90
其他应收款（万元）	47 023.50
股东权益（万元）	1 673 347.80
资产负债率（%）	64.0986
股东权益比率（%）	30.5890
流动比率	1.1966
速动比率	0.8072

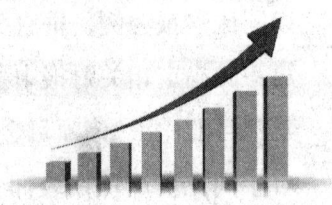

第9招　趋势分析法的运用

1. 趋势分析法的定义

趋势分析法是根据企业连续若干会计期间（至少3期）的分析资料，运用指数或动态比率的计算，比较和研究不同会计期间相关项目的变动情况和发展趋势的一种财务分析方法，也叫动态分析法。趋势分析法既可用于对财报的整体分析，即研究一定时期财报所有项目的变动趋势，也可对某些主要指标的发展趋势进行重点分析。

2. 趋势分析法的原理

趋势分析法的一般步骤如下。

（1）计算趋势比率或指数。趋势指数的计算通常有两种方法：一是定基指数；二是环比指数。定基指数就是各个时期的指数都是以某一固定时期为基期来计算的；环比指数则是各个时期的指数以前一期为基期来计算的。趋势分析法通常采用定基指数。两种指数的计算公式分别为：

定基指数=某一分析期某指标数据/固定基期某指标数据×100%

环比指数=某一分析期某指标数据/前期某指标数据×100%

（2）根据指数计算结果，评价与判断企业该指标的变动趋势及其合理性。

（3）预测未来的发展趋势，根据企业分析期该项目的变动情况，研究其变动趋势或总结其变动规律，从而可预测出企业该项目的未来发展情况。

3. 趋势分析法的应用

应用趋势分析法，需要注意以下几点：

（1）比较的指标，既可以直接针对财报的项目，也可以针对财务指标，如净资产收益率、流动比率、资产负债率等，还可以针对结构比重。

（2）比较的形式，除了计算定基指数或环比指数以外，财报使用者还可以不加以处理，直接采用趋势分析图的形式进行比较分析，这样更加直观。

（3）比较的基础，财报使用者需要注意当某项目基期为零或负数时就不能计算趋势指数，因为这样比较会失去实际意义，此时可以采用趋势分析图的形式。

（4）对于计算趋势指数的财报数据，财报使用者同样要注意比较前后期的会计政策、会计估计的一致性，如果会计政策、会计估计不一致，那么趋势指数也会失去比较的实际意义。

（5）对分析结果，财报使用者需要注意排除偶然性或意外性因素的影响。对于健康发展的企业，其发展规律通常应该是稳步上升或下降的趋势（视分析项目不同而定），但有可能由于一些偶然性或意外性的因素，在某一分析期出现背离整个发展趋势的情形，此时财报使用者应该深入分析其是否受一些偶然性或意外性因素的影响，从而对企业该项目的真实发展趋势作出合理判断。

下面我们用中国石油（601857）过去几期的财务指标来分析一下该公司的财务状况趋势（见表9-1）。从每股收益来看，是稳步增加的；所以导致了每股净资产的良性增长；而净资产收益率也呈正相关增长，但似乎不及去年同期平均水平。以上呈现的是现象，而导致这些现象是主营业务收入、投资收益的变化所致。

表9-1　　　　　　　　　　　　　　　财务指标比较表

财务指标（单位）	2009-09-30	2009-06-30	2009-03-31	2008-12-31
每股收益（元）	0.4400	0.2700	0.1000	0.6200
每股收益扣除（元）	0.4500	0.2800	0.1000	0.5400
每股净资产（元）	4.5000	4.4500	4.4200	4.3300
净资产收益率（%）	9.9000	6.2000	2.3000	14.4000
每股资本公积金（元）	0.6300	0.6300	0.6301	0.6301
每股未分配利润（元）	2.2143	2.1671	2.1449	2.0424
主营业务收入（万元）	68 301 900.0	41 527 700.0	18 158 200.0	107 114 600
投资收益（万元）	167 200.00	88 500.00	3 600.00	473 300.00
净利润（万元）	8 114 900.00	5 032 600.00	1 877 400.00	11 379 800.00

第10招　比率分析法的运用

1. 比率分析法的定义

比率分析法是利用两个或若干个与财报相关的项目之间的某种关联关系，运用相对数来考察、计量和评价，借以评价企业财务状况、经营业绩和现金流量的一种财务分析方法。比率分析法是财务分析中最基本、最常用的一种方法。

2. 比率分析法的应用

在计算出财务比率之后，财报使用者还需要选择财务分析标准分析财务比率；否则，财务比率就只有单纯的字面定义，而缺乏经济含义。财务分析标准的意义就在于它为财务比率的应用提供了参照物。对于外部财报使用者而言，常用的财务分析标准包括以下三种类型。

（1）经验标准。经验标准是在财务比率分析中经常采用的一种标准。所谓经验标准，是指这个标准的形成依据大量的实践经验的检验。例如，流动比率的经验标准为2∶1、速动比率的经验标准是1∶1、资产负债率不应超过50%等。其实，这些经验标准都属于经验之谈，并没有充分的科学依据。因此，财报使用者不能把这种经验标准当作是一种绝对标准，认为不论什么公司、什么行业、什么时间和什么环境都是适用的；实际上，经验标准只是对一般情况而言，并不是适用于一切领域或一切情况的绝对标准。财报使用者只能利用经验标准作出初步的判断，要下准确的结论，还得结合实际情况作进一步深入分析。例如，假设一个企业的流动比率大于2∶1，但在流动资产结构中存在大量应收账款和许多积压存货；而另一个企业的流动比率虽然低于2∶1，但货币资金在流动资产中占较大比重，应收账款、存货所占比重较低，这时就不能根据经验标准认为前一企业的短期偿债能力就一定好于后一企业。总之，在应用经验标准时应该具体情况具体分析，而不能生搬硬套。

（2）历史标准。历史标准是指以企业过去某一会计期间的实际业绩为标准。这种标准对于评价企业自身财务状况、经营业绩和资金情况是否改善是非常有益的。历史标准可选择企业历史最高水平，也可选择企业正常经营条件下的业绩水平。另外，在财务分析中，经常将本年的财务状况与上年进行对比，此时企业上年的业绩水平实际上也可看作是历史标准。应用历史标准的优点主要是可靠性比较高，能反映企业曾经达到的水平。但历史标准也有其不足，这主要是仅仅运用历史标准可能引起企业"故步自封"或者"夜郎自大"，既有可能脱离企业战略要求，丧失挑战性，又可能造成企业落后于同行业的竞争对手。因此，财报使用者除了应用历史标准，还可以应用其他财务分析标准。

（3）行业标准。行业标准是财务分析中广泛采用的标准，它是按行业制定的或能反映行业财务状况和经营状况的基本水平。当然，也可选择同行业某一先进企业的业绩水平作为行业标准。企业在财务分析中运用行业标准，可说明企业在行业中所处的地位与水平。应当指出，运用行业标准有三个限制条件：①同行业内的两个企业并不一定是可比的。例如，同是石油行业的两个企业，一个可能从市场购买原油生产石油产品；另一个则是融开采、生产、提炼到销售石油产品为一体，这两个公司的经营就是不可比的。②一些大的企业往往跨行业经营，企业的不同经营业务可能有着不同的盈利水平和风险程度，这时用行业统一标准进行评价显然是不合适的。解决这一问题的方法是将企业经营的不同业务的资产、收入、费用和利润等分项报告。③应用行业标准还受不同企业采用的不同会计政策、会计估计的限制，同行业企业如果采用不同的会计政策、会计估计方法，也会影响评价的准确性。例如，由于存货发出的计价方法不同，不仅可能影响存货的价值，而且可能影响成本的水平。因此，在采用行业标准时，也要注意这些限制。

利用行业标准还存在一个问题，就是如何获得行业标准。这常常成为大多数财报使用者的难题。我们认为，财报使用者可以考虑以下两条途径：其一，自行计算。财报使用者可以采用算术平均法、综合报表法和中位数法选择若干同行业相关企业的同一比率计算出标准比率，这个标准比率即可成为行业标准。其二，外部获取。根据多年的管理咨询经验，可以通过一些方式获得行业历史数据，如财政部、国资委每年重新修订并公开出版的企业综合绩效评价标准值手册；上市公司公开披露的数据（一些媒体和管理咨询公司经常出台各种上市公司经营业绩排行榜）；行业协会的统计数据（有许多行业协会经常对本行业的企业经营业绩进行统计分析）；官方统计数据（如国家统计局、各种正式出版的统计年鉴）。

可见，各种财务分析评价标准都有其优点与不足，在财务分析中不应孤立地选用某一种标准，而应综合应用各种标准，从不同角度对企业财务状况、经营成果和现金流量进行评价，这样才有利于得出正确结论。

下面我们用比率分析法来分析中金黄金（600489）的有关财务比率（见表10-1）。可见该公司净资产收益率在2009年出现了比较明显的波动；负债率在2009年也增长了约13个百分点，但是现金流量紧张的情况得到了缓解。

表10-1　　　　　　　　　　　　　财务比率比较表

指标 ＼ 日期	2009-09-30	2008-12-31	2007-12-31	2006-12-31
净利润增长率（%）	-36.15	14.81	157.87	140.55
净资产收益率（%）	6.29	12.15	24.32	19.17
资产负债比率（%）	55.27	42.89	63.69	52.36
净利润现金含量（%）	188.05	-123.53	200.72	140.52

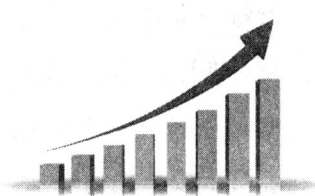

第11招　因素分析法的运用

1. 因素分析法的定义

因素分析法是指依据财务指标与其影响因素之间的关系，按照一定的程序分析各因素对财务指标差异影响程度的一种技术方法。因素分析法主要用来确定财务指标前后期发生变动或产生差异的主要原因。

2. 因素分析法的应用

按照我国财务学者、财务分析国家级精品课负责人张先治教授的建议，在应用因素分析法的过程中，财报使用者还需要注意以下几个问题：

（1）因素分解的相关性问题。所谓因素分解的相关性，是指分析指标与其影响因素之间必须真正相关，即有实际经济意义，各影响因素的变动确实能说明分析指标差异产生的原因。这就是说，经济意义上的因素分解与数学上的因素分解不同，不是在数学算式上相等就行，而要看经济意义。例如，将影响材料费用的因素分解为下面两个等式从数学上都是成立的：

材料费用=产品产量×单位产品材料费用

材料费用=工人人数×每人消耗材料费用

但是从经济意义上说，只有前一个因素分解式是正确的，后一因素分解式在经济上没有任何意义。因为工人人数和每人消耗材料费用到底是增加有利还是减少有利无法从这个等式说清楚。当然，有经济意义的因素分解式并不是唯一的，一个经济指标从不同角度看，可分解为不同的有经济意义的因素分解式。这就需要在因素分解时，根据分析的目的和要求，确定合适的因素分解式，找出分析指标变动的真正原因。

（2）分析前提的假定性。所谓分析前提的假定性，是指分析某一因素对经济指标差异的影响时，必须假定其他因素不变；否则，就不能分清各单一因素对分析对象的影响程度。但是实际上，有些因素对经济指标的影响是共同作用的结果，如果共同影响的因素越多，那么这种假定的准确性就越差，分析结果的准确性也就会降低。因此，在因素分解时，并非分解的因素越多越好，而应根据实际情况，具体问题具体分析，尽量减少对相互影响较大的因素再分解，使之与分析前提的假设基本相符；否则，因素分解过细，从表面看有利于分清原因和责任，但是在共同影响因素较多时反而影响了分析结果的正确性。

（3）因素替代的顺序性。前面谈到因素分解不仅要因素确定准确，而且因素排列顺序也不能交换，这里特别要强调的是不存在乘法交换律问题。因为分析前提假定性的原因，按不同顺序计算的结果是不同的。那么，如何确定正确的替代顺序呢？这是一个理论上和实践中都没有很好解决的问题。传统的方法是依据数量指标在前、质量指标在后的原则进行排列；现在也有人提出依据重要性原则排列，即主要的影响因素排在前面，次要因素排在后面。但是无论何种排列方法，都缺少坚实的理论基础。正因为如此，许多人对连环替代法提出异议，并试图加以改善，但至今仍无人们公认的好的解决方法。一般地说，替代顺序在前的因素对经济指标影响的程度不受其他因素影响或影响较小，排列在后的因素中含有其他因素共同作用的成分，从这个角度看问题，为了分清责任，将对分析指标影响较大的、并能明确责任的因素放在前面可能要好一些。

（4）顺序替代的连环性。连环性是指在确定各因素变动对分析对象影响时，都是将某因素替代后的结果与该因素替代前的结果对比，一环套一环。这样既能保证各因素对分析对象影响结果的可分性，又便于检验分析结果的准确性。因为只有连环替代并确定各因素影响额，才能保证各因素对经济指标的影响之和与分析对象相等。

例如，我们通过查阅年报得知青松建化（600425）在2008年实际核销的应收账款为3 592 089元，那么运用因素分析法的思维，我们应当进一步了解哪些客户的应收账款核销了呢？经进一步分析可以得知如表11-1所示信息。

表11-1　　　　　　　　　　相关信息表

单位名称	应收账款性质	核销金额（元）	核销原因	是否因关联交易产生
巴州扬水站	货款	704 436.50	账龄较长，无法追讨	否
农二师湖光水利工程公司	货款	670 005.40	账龄较长，无法追讨	否
农十四师十二项目部	货款	353 923.00	账龄较长，无法追讨	否
阿拉尔昆仑建司	货款	102 185.00	账龄较长，无法追讨	否
其他10万元以下零星户64户	货款	1 761 539.10	账龄较长，无法追讨	否
合　计		3 592 089.00		

从以上信息可见，并无导致公司重大经营损失的情况发生，不会对股价有明显不利影响。

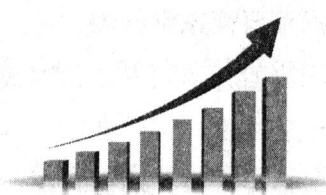

第12招　综合分析法的运用

1. 综合分析法的定义

企业的各项财务活动、各张财报和各项财务指标是相互联系的，并且相互影响，这就需要财报使用者将企业财务活动看作是一个大系统，将不同财报和不同财务指标结合起来，对系统中相互依存、相互作用的各种因素进行综合分析。这样，有利于财报使用者全方位地了解所分析企业的财务状况、经营业绩和现金流量，并借以对所分析企业整体作出系统的、全面的评价。单独分析任何一项或一类财务指标，都难以全面评价所分析企业的财务状况和经营成果。

2. 综合分析法的应用

通过杜邦财务分析体系，一方面可从销售规模、成本费用、资产营运、资本结构方面分析净资产收益率增减变动的原因；另一方面可协调企业经营政策和财务政策之间的关系，促使净资产收益率达到最大化，实现股东价值最大化目标。这种方法简单实用，因而为众多跨国公司广泛采用。但是随着经济的发展和社会的进步，杜邦财务体系也日益暴露了一些局限性，如只包括了财务方面的信息，未反映非财务分析，未考虑股利政策影响，无法体现可持续增长的理念等。正因为如此，人们不断对杜邦财务分析体系的改进与完善提出了许多建议，如哈佛大学商学院教授帕利普等教授就提出了以可持续增长率为核心指标的综合财务分析体系。

下面我们以2008年年末白云山A（000522）财报为例，用最简单的杜邦财务模型来分析如下：

净资产收益率=净利润/净资产=9.49%

同时，

净利润率=净利润/收入=2.9%

总资产周转率=收入/总资产=0.95

权益乘数=总资产/净资产=3.41

这三个指标相乘正好等于净资产收益率。

这说明净资产收益率的水平可以从以上三个指标上反映出来。

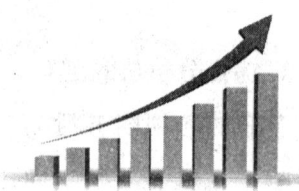

资产负债表分析

第13招　分析资产负债表的作用

资产负债表亦称平衡表（balance　sheet），是总括反映企业在某一特定日期财务状况的会计报表。

资产负债表是以"资产=负债+所有者权益"这一会计基本等式为理论基础，按照一定的分类标准和一定的次序，把企业在一定日期的资产、负债和所有者权益予以适当排列，按照一定的编制要求编制而成的。它表明企业在某一特定日期所拥有或控制的经济资源、所承担的现有义务和所有者对净资产的要求权。具体来说，资产负债表所提供的会计信息能够起到如下作用。

1. 能够帮助报表使用者了解企业所掌握的各种经济资源，以及这些资源的分布与结构

资产负债表把企业拥有或控制的资产按经济性质、用途等分类成流动资产、长期投资、固定资产和无形资产等。各项目之下又具体分成明细项目，例如，流动资产项目可根据其构成项目的不同性质，分为货币资金、应收及预付款项和存货等。这样，财报的使用者就可以一目了然地从资产负债表上了解到企业在某一特定时日所拥有的资产总量及其结构。

2. 能够反映企业资金的来源构成，即债权人和投资者各自的权益

资产负债表的资产方反映了企业拥有的经济资源及其结构，即企业资金的占用情况，那么，这些资金是从哪里来的呢？我们知道，企业资金的来源，不外乎两个方面：一是债权人提供；二是所有者投资及其积累。资产负债表把债权人权益和所有者权益分类列示，并根据不同性质将负债又分为流动负债和非流动负债，把所有者权益又分为实收资本（股本）、资本公积、盈余公积和未分配利润，这样，企业的资金来源及其构成情况便可在资产负债表中得到充分反映。

3. 通过对资产负债表的对比和分析，可以了解企业的财务实力、偿债能力和支付能力，也可以预测企业未来的盈利能力和财务状况的变动趋势

通过了解企业资产项目的构成，可以分析企业资产的流动性和财务弹性，进而判断企业的偿债能力和支付能力。通过对企业资产结构和权益结构（或称资本结构）的分析，可以了解企业筹集资金和使用资金的能力，即企业的财务实力。另外，资产是未来收益的源泉，也会在将来转化为费用，因而，通过了解企业资产项目的构成，还可以对企业未来的盈利能力作出初步判断。资产负债表中提供的数据往往是比较数据，这样，通过将"年初余额"与"期末余额"两栏数据进行对比分析，可以分析有关项目的变动情况，掌握变动规律，从而预测变动趋势。

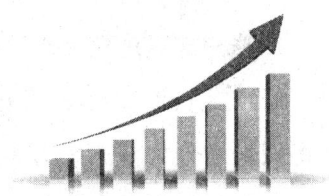

第14招 分析资产负债表的格式

　　为便于财务信息的分析利用，关于财务状况的数据应在资产负债表中加以一定的分类和组合，即资产负债表应按一定的格式来反映财务信息。尽管各国都对财报的格式作了规范，但具体的财报格式却有很大差别。资产负债表的格式，目前国际上流行的主要有账户式（平衡式）和报告式（垂直式）两种。

1. 账户式资产负债表

　　账户式资产负债表又称平衡式资产负债表，这种格式的资产负债表严格地将该表划分为左右两方，左方列示资产项目，右方列示负债和所有者权益项目，从而使左右两方的合计数保持平衡，这样可以使资产、负债和所有者权益之间的恒等关系一目了然。这种格式的资产负债表在美国较为流行，我国资产负债表也是采用了这种格式。在我国资产负债表上，资产按其流动性程度的高低顺序排列，即按照资产的变现能力排列，先流动资产，后非流动资产；负债按其到期日由近至远的顺序排列，先流动负债，后非流动负债；所有者权益按其永久性程度递减的顺序排列，即先实收资本，后资本公积、盈余公积，最后是未分配利润。其具体格式可参见表14-1。

表14-1　　　　　　　　　资产负债表（账户式）　　　　　　单位：万元

资　产	金　额	负债和所有者权益	金　额
流动资产 非流动资产		流动负债 非流动负债 负债合计 所有者权益 所有者权益合计	
资产总计		负债和所有者权益总计	

2. 报告式资产负债表

报告式资产负债表又称垂直式资产负债表。在报告式下，所有的资产项目按一定的顺序列示在报表的上面，负债和所有者权益列示在下面。从形式上看，报告式资产负债表是依据书面报告的常规，采用上下呼应的形式，故称"报告式资产负债表"，其格式见表14-2。

表14-2　　　　　　　资产负债表（报告式）　　　　单位：万元

项　　目	金　　额
资产类： 　流动资产 　非流动资产 　资产总计	
负债和所有者权益： 　流动负债 　非流动负债 　负债合计 　所有者权益 　所有者权益合计 　负债和所有者权益总计	

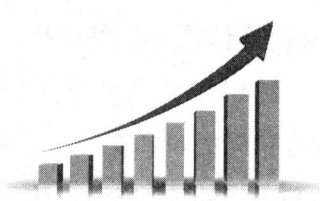

第15招　分析资产负债表的结构

根据我国《企业会计制度》的规定，企业的资产负债表采用账户式结构，它由表头和基本内容两部分构成。

1. 表头

表头部分包括报表名称、编制单位、报表编号、编报日期和货币计量单位等内容。

2. 基本内容

这部分是资产负债表的核心所在，它采用账户式左右对称格式排列，左方为资产，右方为负债和所有者权益。资产负债表所依据的是"资产=负债+所有者权益"这个会计恒等式，所以资产负债表左方项目金额总计与右方项目金额总计必须相等，始终保持平衡。

（1）资产负债表左方项目。左方为资产，它按照流动性程度的高低即变现速度快慢的顺序排列，依次为流动资产、持有至到期投资、长期股权投资、固定资产、无形资产和其他非流动资产，即先流动性资产，后非流动性资产。

（2）资产负债表右方项目。右方为负债和所有者权益，它按照先负债后所有者权益的顺序排列，其中负债按偿还时间的顺序排列，先流动负债后非流动负债，而所有者权益则是按其金额的稳定程度排列。

这种资产负债表既可以清晰地反映企业资产的构成和来源，又可以充分反映其转化为现金的能力，以及企业的偿债能力和财务弹性，并明确划分不同投资者的权益界限，适应了不同报表使用者对各种信息的需求。

第16招　分析资产负债表的局限性

尽管资产负债表在财报中占有重要的地位，但同时它也存在着一定的局限性。

1. 资产负债表并不能完全真正反映企业的财务状况

由于资产的入账价值大多是按取得资产时实际发生的成本入账（也有部分项目按公允价值反映，如交易性金融资产和投资性房地产等），因此，资产负债表中的大部分项目都是以历史成本列示。而普遍存在的通货膨胀对历史成本造成了强烈的冲击，使得各时期的历史成本的货币购买力失去可比性，当初取得资产的成本同它们的现行成本产生越来越大的差距。在通货膨胀环境下，如果再按历史成本原则编制企业的会计报表，不仅会影响到会计报表所有项目计量的真实性，而且也会使得某些个别资产的历史成本明显地脱离现行价值，从而影响到据以表述企业财务状况和经营成果的可靠性。

资产负债表中还有一些项目是按照公允价值计量的。的确，公允价值如果运用得当，会大大提高会计信息的有用性。但是，如果企业不恰当地运用公允价值，那么，对公允价值的滥用反而会导致会计信息成为"数字游戏"，违背公允价值的精神和目标。

2.资产负债表遗漏了很多无法用货币表示的重要经济资源和义务信息

会计的特点之一是以货币为计量单位。由于这一原因，作为反映某一时日企业财务状况的报表，可能遗漏许多无法用货币计量的项目，如职工的素质和所承担的社会责任等。这类信息均与决策有关，但无法用货币数量化，也不易确定，所以在实务工作中就将其省略。

3. 资产负债表中许多信息是人为估计的结果，因而未必可靠

如资产减值准备、固定资产折旧和无形资产摊销等，尽管是企业根据当时的情形估计的，但这些估值难免主观，会影响信息的可靠性。

4. 正确理解资产负债表的含义必须依赖报表使用者的判断

资产负债表提供了企业某一时日的财务状况，是进行财报分析的基础，但有些企业出于种种考虑，可能对一些偿债能力和经营效率方面的信息不予直接披露，甚至含糊其辞。为了作出正确的分析，报表使用者必须利用各种知识去判断，甚至需要收集其他相关的非会计信息，而要做到这些，也非易事。

例如，白云山A（000522）从2009年10月29日的8.33元骤升至11月18日的16.55元，涨幅达到100%。其中在7个交易日内创造了6个涨停板。在股价翻倍的背后，隐藏的是市场传说的几个"超级"大利好。其中，"由于广州城市改造公司将获得几十亿的搬迁收益"最为诱人。平安证券如此估算:白云山拥有的300亩土地处于广州市繁华闹市地区，周边平均房价已超过20 000元/平方米，已是广州市稀有土地资源；另外1 000亩土地处于风景区白云山脚下，如果按照均价12 000元/平方米计算，白云山的土地价值就超过100亿元，按政府给予60%的土地补偿，白云山将有超过60亿元的收入，按4.69亿股的股本计算，每股价值就在13元左右。

而这些信息在资产负债表上是看不到的。所以我们在分析资产负债表时也要注意到它的局限性。

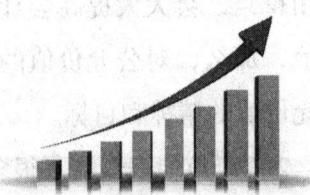

第17招 资产的结构分析

一般来说，拿到企业的资产负债表之后，按照勾稽关系先检查该资产负债表编制的正确性，然后便开始分析表的左方——资产方。资产负债表的左方是按照企业资产的流动性来进行分类排序的，从上至下分别为流动资产、持有至到期投资、长期股权资产、固定资产、无形资产和其他非流动资产。

资产的结构就是指在企业全部资产中，流动资产、持有至到期投资、长期股权投资、固定资产、无形资产和其他非流动资产各自所占的比重。进行资产的结构分析通常出于以下目的：①了解企业资产的组成情况、盈利能力、风险大小和弹性高低，从而为合理地制定决策提供支持。②优化资产结构，改善财务状况，使资产保持适当的流动性，降低经营风险，加速资金周转。③了解债权的物质保证程度和债权的安全性。④了解企业存货状况和支付能力，确保合同的有效执行。⑤了解企业财务的安全性、资本的保全能力及资产收益能力。

进行资产结构分析的步骤如下。

第一，分别计算期末与期初各大类资产占全部资产的比率，即构成比重，并计算比率变动差异。计算公式为：

流动资产构成比重=（流动资产/资产总额）×100%

企业流动资产比重高，说明其资产的流动性和变现能力强，企业的抗风险能力和应变能力就强，但这必须以雄厚的固定资产做后盾。如果没有大量的固定资产支持，其经营的稳定性就会较差。

非流动资产构成比重=［（固定资产+长期资产+无形资产+其他资产）/资产总额］×100%

非流动资产的比重过高意味着企业长期资产周转缓慢，变现能力低，势必会增大企业经营风险；长期资产比重过高还意味着企业固定费用刚性强，经营风险较大，如果企业所在行业全面退出市场，企业将面临两难的境地。

无论是流动资产构成比重还是非流动资产构成比重，在不同的行业是不同的。例如，在制造行业非流动资产的比重必然很高，而在商品流通行业其流动资产的构成比重会占有企业资产总额的70%左右。所以评价一个企业资产构成是否合理，主要要结合企业的经营领域、经营规模、市场环境及企业所处的市场地位等因素，参照行业的平均水平或先进水平确定。

第二，分别计算各大类资产之间结构性比率及其变化差异。一般来说，需要计算如下比率：

固定资产与流动资产结构比率=固定资产总额/流动资产总额

结构性资产比率=结构性资产总额/流动资产总额

结构性资产=资产总额-流动资产

资产结构弹性比率=弹性资产总额/资产总额

理论上，企业的弹性资产是指金融性资产，包括货币资金、交易性金融资产、应收票据、一年内到期的非流动资产、持有至到期投资和长期股权投资等。

第三，分析变动的合理性。对于流动资产来说，在资产总量不变的情况下，流动资产比率的增大，意味着企业抵御风险的能力增强，但是如果资产总量的增长是由于流动资产的增长引起的，则说明企业占用在流动资产上的资金过多，企业资金周转速度减慢；对于固定资产来说，理论上说是占用的比率越大越好，但是，这种"零库存"的概念是理想化的，在我国，目前还依然强调减少固定资产占用量，增大流动资产占用量，以降低企业经营风险；对于固定资产与流动资产之间的比率，主要依赖企业采用的资产政策来判断：对于保守型资产政策来说，希望维持较高的流动资产存量。对于风险型资产政策来说，希望流动资产存量尽量降低。对于中庸型资产政策来说，希望保持均衡水平。

下面以ST东航（600115）的2009年中报为例，分析其资产结构如下：

流动资产构成比重=（流动资产/资产总额）×100%=14.53%

非流动资产构成比重=［（固定资产+持有至到期投资+长期股权投资+无形资产+其他非流动资产）/资产总额］×100%=85.47%

固定资产与流动资产结构比率=固定资产总额/流动资产总额=4.96

结构性资产比率=结构性资产总额/流动资产总额=5.88

通过以上指标可知该公司资产流动性偏差。

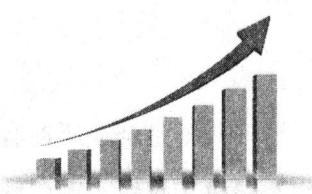

第18招　资产规模分析

资产规模是企业所拥有或控制的资产的多少即资产存量。一个企业的资产规模不是越大越好，资产规模过大，将形成资产的大量闲置，造成资金周转缓慢；但是，资产规模过小，也将因为难以满足企业生产经营需要而使企业的生产经营活动难以正常进行。为此，一个企业必须保持合理的资产规模。

对企业资产规模进行分析通常采用以下步骤：

（1）根据企业资产负债表，对企业全部资产存量的期末数与期初数进行对比，计算变动额和变动率。其计算公式为：

变动额=期末数–期初数

变动率=变动额/期初额×100%

（2）在总资产变动情况分析的基础上，进一步分析对总资产变动影响较大的各类资产情况，通过分析，找到影响总资产变化的原因，进而再针对影响较大的个别资产作深入的分析。这一步通常需要计算影响总资产增长率，具体计算公式为：

影响总资产增长率=该项资产变动额/总资产期初数×100%

（3）联系企业生产经营活动发展变化情况、所有者权益变动情况及其他因素变动情况综合考察资产规模变化的合理性。首先将资产规模增减变动率与同期企业产值、销售收入等成果指标的增减率进行对比，判断其协调性；然后在区分主客观因素及与所有者权益变动的适应性的基础上得出结论。产值、收入与资产三者之间协调性的主要表现有以下几种情况。

第一种情况：增产增收同时增资。这种情况需要进行增长幅度的相对比较，才能得出结论。如果增资幅度大于增产增收幅度，说明出现资金相对浪费和资产利用率下降状况；如果增资幅度小于增产增收幅度，则说明相对节约了资金，资产利用率有所提高。

第二种情况：增产增收但不增资。这种情况表明相对节约资金，资产利用率提高。

第三种情况：增产增收同时减少资金。这种情况表明绝对节约资金，资产利用率提高。

第四种情况：产值收入持平减少资金。这种情况表明绝对节约资金，资产利用率提高。

第五种情况：减产减收但不减资。表明资产利用率下降。

第六种情况：减产减收同时增资。表明资金闲置，生产能力利用不足，资产利用率下降。

我们仍以ST东航（600115）的2009年中报为例，分析其资产规模如下：

变动额=期末数–期初数=–211 068（万元）

变动率=变动额/期初额×100%=–0.29%

通过结合阅读分析利润表可知，导致资产规模减少的原因在于亏损，这也是导致东航被ST的原因。

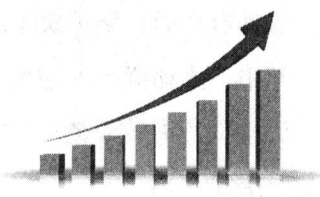

第19招　资产管理效率分析

衡量一个企业资产状况的好坏，不仅要看其规模和结构是否良好，还要考察其资产发挥作用的大小。资产管理效率是指企业各项资产所占用的资金与其创造的收益之间的比率，在通常情况下，从资产使用效率及使用效果两个方面对其进行评价。

1. 资产使用效率分析

企业资产的使用效率可以从资产周转速度进行分析。通常，资产周转越快（次数越多，天数越少），说明企业资产利用效率越高，企业的经营管理水平也越高。评价企业资产周转速度的指标主要有以下几种。

（1）流动资产周转率（次）和流动资产周转天数。其公式为：

流动资产周转率（次）=主营业务收入/流动资产平均余额

其中，流动资产平均余额=（流动资产期初余额+流动资产期末余额）/2

流动资产周转天数=计算期天数/流动资产周转率=流动资产平均余额×计算天数/主营业务收入

（2）应收账款周转率（次）和应收账款周转天数。其公式为：

应收账款周转率（次）=主营业务赊销收入净额/应收账款平均余额

其中，主营业务赊销收入净额=主营业务收入–销货退回–销货折扣与折让–现销金额

应收账款平均余额=（期初应收账款+期末应收账款）/2

应收账款周转天数=360/应收账款周转率=应收账款平均余额×360/主营业务赊销收入净额

（3）存货周转率（次）。其公式为：

存货周转率（次）=主营业务成本/平均存货

其中，平均存货=（期初存货+期末存货）/2

（4）固定资产周转率（次）和固定资产周转天数。其公式为：

固定资产周转率（次）=主营业务收入/固定资产平均净值

其中，固定资产平均净值=（期初固定资产净值+期末固定资产净值）/2

固定资产周转天数=360/固定资产周转率

=固定资产平均净值×360/主营业务收入

（5）总资产周转率和总资产周转天数。其公式为：

总资产周转率=主营业务收入/资产平均余额

其中，资产平均余额=（期初资产总额+期末资产总额）/2

总资产周转天数=（主营业务收入净额/流动资产平均余额）×（流动资产
平均余额/总资产平均余额）

=流动资产周转天数×（流动资产/资产总额）

2. 资产使用效果分析

资产使用效果是指资产使用带来的产值、收入和利润等情况。因此，进行资产使用效果分析就不能仅仅局限于资产负债表，还会涉及企业的一些统计资料和利润表等。分析资产使用效果经常使用以下一些指标。

（1）流动资产利润率。其公式为：

流动资产利润率=主营业务利润/流动资产平均余额

=主营业务收入/流动资产平均余额×（主营业务利润/主营业
务收入）

=流动资产周转次数×主营业务利润率

（2）固定资产产值率。其公式为：

固定资产产值率=工业总产值/固定资产平均原值×100%

=工业总产值/生产设备平均原值×（生产设备平均原值/生
产用固定资产平均原值）

=生产用固定资产平均总值/固定资产平均原值×100%

（3）固定资产利润率。其公式为：

固定资产利润率=主营业务利润/固定资产平均原值×100%

=工业生产总值/固定资产平均原值×（主营业务利润/工业生产总值）×100%

=固定资产产值率×产值利润率

（4）总资产利润率。其公式为：

总资产利润率=利润总额/资产平均总额

=主营业务收入净额/资产平均总额

=资产周转率×主营业务利润率

下面我们以万力达（002180）为例，分析其在2008年和2009年的资产管理效率（见表19-1）。

表19-1 　　　　　　　资产管理效率分析表

财务指标（单位）	2009-09-30	2008-12-31	2007-12-31	2006-12-31
存货周转率（%）	0.85	1.16	1.30	1.50
应收账款周转率（%）	1.56	2.28	2.33	2.97
总资产周转率（%）	0.22	0.33	0.41	0.76

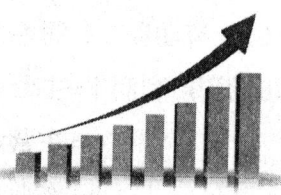

第20招 资产的分项目分析

1. 流动资产项目分析

流动资产是企业开展日常经营生产业务活动的支柱，是企业创造利润和实现资产增值的重要资源。因此，在资产分析中，要特别重视对流动资产情况进行分析。

（1）流动资产结构的分析。流动资产结构是指企业的货币资产、交易性金融资产、应收账款和存货等项目金额占流动资产总额的比重。流动资产结构分析，就是分析流动资产内部各项目发生了哪些变化，这些变化对企业的经营管理有哪些影响。分析时一般从期初、期末或连续几期的货币资产、存货资产、应收账款等在流动资产总额中所占比重的增减变化，分析判断流动资产构成比重与变动趋势是否合理，对企业的生产销售等有什么影响。

【例20-1】ABC公司2006年12月31日和2007年12月31日流动资产构成资料见表20-1和表20-2。ABC公司所在行业的有关数据为：货币资产在流动资产中的比重为40%，应收账款比重为20%，存货比重为8%～10%。

表20-1　　　　ABC公司流动资产构成情况分析表　　　　金额单位：万元

项　　目	2006年12月31日		2007年12月31日		增　　减	
	金　额	比重（%）	金　额	比重（%）	金　额	比重（%）
货币资金	40 000	64	37 990	66	-2 010	-0.1
交易性金融资产	100	0.1	0	0	0	-0.1
应收票据	400	0.6	200	0.4	-200	-0.2
应收账款	15 920	25.5	12 935	23	-2 985	-2.5
其他应收款	3 000	5	3 000	5	0	0
存货	2 500	4	2 670	5	+170	+1
待摊费用	500	0.8	400	0.6	-100	-0.2
流动资产合计	62 420	100	57 195	100	-5 125	0

表20-2	ABC公司销售收入情况表			金额单位：万元
项目	2006年	2007年	增减额	增长（或降低）
	金 额	金 额	金 额	比重（%）
主营业务收入	8 000	10 000	+2 000	+25

由表20-1可知，ABC公司2006年年末流动资产构成比重分别为：货币资金64%，应收票据0.6%，应收账款25.5%，其他应收款5%，存货4%，待摊费用0.8%。到2007年年末货币资金上升到66%，应收票据下降为0.4%，应收账款下降为23%，其他应收款仍维持2006年水平，存货资产上升为5%，待摊费用下降为0.6%。这些变化表明：第一，ABC公司货币资金充足，短期支付能力和应付市场变化能力较强。2007年占流动资产比重比2006年又上升了2%，与证券之星行情分析软件统计的同期同行业的48%比较，高出16个百分点，显然高出太多。由于货币资金是非盈利资产，持有过多会造成资金的浪费，因而从货币资金利用效率上看，效率较低，没有充分利用。如果将这些多出的货币资金用于交易性金融资产或偿还一部分债务，这样资金利用的效率要高得多。但在具体分析这一问题时，应结合企业现金流量一并进行。第二，应收账款、其他应收款和应收票据合计比2006年下降了2.7%，说明企业货款回收和管理工作比上年有所改善，但占流动资产的比重还是过大了一点，与证券之星行情分析软件统计的同期同行业20%比较，高出3个百分点，这一情况，有待进一步改进。第三，存货资产占流动资产比重比2006年有所上升，但由于2006年主营业务收入有较大幅度的增长，存货资产略有上升，属正常范围。该公司存货资产在流动资产中所占比重较小，只有5%，与证券之星行情分析软件统计的同期同行业8%～10%比较，偏低。但与本企业2年比较，一直稳定在4%左右，而主营业务收入却增长了25%，说明公司存货是合理的。第四，从总量上来看，公司流动资产2007年比2006年减少了5 125万元，在原有的基础上下降了8%，主营业务收入在原有基础上增长了25%，说明该公司流动资产构成较为合理，资金使用效益也较好。

通过上述分析可知，判断一个企业在正常情况下流动资产内部组成结构是否合理，应与企业的生产销售，企业所获取的利润联系起来进行分析，才能得出结论。当各项资产的增长低于销售收入和利润的增长时，这种结构一般来说是合理的；当各项资产的增长大于销售收入和利润的增长时，这种结构比例一般来说就不合理。

（2）流动资产主要项目的分析。

第一，货币资产的分析。货币资产是流动资产中的现金、银行存款和其他货币资金的总称。企业积存货币资金有三个动机，即交易性动机、预防性动机和投机性动机。交易性动机是指企业为了满足其正常生产经营过程中交易活动的支出。预防性动机是指企业为应付生产经营活动过程中出现的意外事件而必需的支付。投机性动机是企业为满足生产经营活动过程中出现的意外获利机会而必需的支付，如购入价格有利的股票、有价证券和廉价适销的商品等。因此货币资产存量的多少，在一定程度上反映了企业的支付能力。

其一，货币支付能力分析。货币支付能力可用下列公式进行分析判断：

企业货币支付能力=货币资产–（短期借款+应付票据+各种应付账款）

当货币支付能力为正数时，表示企业货币支付能力较强。当货币支付能力为负数时，表示企业货币资金支付能力较弱。

【例20-2】已知ABC公司货币资产为37 990万元，各项短期负债信息见表20-3。

表20-3　　　　ABC公司2007年12月31日流动负债情况表

负债项目	金额（万元）
短期借款	25 200
应付票据	500
应付账款	300
预收账款	400
应付职工薪酬	798
应付股利	28
应交税费	2 863
其他应付款	1 150
合 计	31 239

该公司2007年年末货币支付能力=37 990－31 239=6 751（万元）。表示该公司短期支付能力较强。

交易性金融资产和应收票据也属于企业的货币性资产，它们能否用于偿还短期债务？回答是肯定的。当货币资金支付能力为正数时，表明企业货币资金支付能力强。交易性金融资产、应收票据可不需要立即变现，但当企业货币资金支付能力为负数时，表明货币资金存量不够支付，需将交易性金融资产、应收票据立即变现以偿还短期负债。如果还不够，必须要有新的资金来源。

其二，货币资金持有量的分析。企业货币支付能力为正数，说明货币支付能力较强，但并不表示企业货币资金的持有量是合理的。由于货币资金是一种非盈利资产，积存过多，必然造成资金浪费，积存过少则不能满足上述三个动机的需要。影响企业正常的生产经营活动，增加企业财务风险。那么如何分析企业货币资金持有量是否合理呢？

判断货币资金占流动资产总额比重是否合理，首先看它是否满足交易性动机，即企业正常生产经营活动的支出。其次看它是否能满足预防性动机，即应付市场变化的能力，在满足了上述两个需求后，仍有多余货币，可考虑交易性金融资产，购买证券进行增值。

货币资产中的现金，主要是用于日常开支，根据现金管理条例实行限额管理，其限额一般不超过3～5天的日常开支。货币资产中其他货币资金部分是为当前必须交易结算而准备的，故无需制定其额度。货币资产中的银行存款占用的数额较大，是确定货币资金持有量的重点。银行存款结存多少比较适宜，主要取决于近期需支付货币资金的需要量与结存量是否相近。如果相近，说明货币资金的持有量就是最佳持有量。这个持有量在流动资产中所占比重，就是合理的比重。

第二，交易性金融资产分析。交易性金融资产是企业利用正常生产经营中暂时多余的资金买入可随时变现的债券、股票和基金等。企业在进行交易性金融资产投资时，必须分析其投资的安全性，尤其是投资股票风险的大小。作为一个投资者，必须在分析其投资风险后，才能决定其是否具有投资价值。没有经过分析，盲目投资，会给企业造成经济上的损失。交易性金融资产变现能力强，但获利水平低，因此在流动资产中所占比重应保持一个合理水平。在分析交易性金融资产时，主要看其数量和投资收益增减变动情况，还要分析交易性金融资产的构成和公允价值的增减变化情况。

第三，应收账款的分析。这里应收账款是指企业以信用为基础向其他企业或单位赊销商品、提供劳务而形成的应收款项。包括：应收账款、其他应收款、应收票据。就其性质来讲，应收账款是企业的一项资金垫支，是为了建立销售竞争优势和增加盈利而发生的。相当于销售商品的企业从售出商品到收回货款的这段时间内，为买方提供了一定数额的无息贷款，这部分资金成本必须由企业自身来负担，而且企业还要承担坏账损失的风险。因此，应收账款在流动资产中所占比重不能过大，应保持一个合理的水平，使之既要保证企业扩大销售的需要，又要减少占用数额。

应收账款的分析主要从应收账款增减变动和周转速度两方面进行。在资产总体状况分析的基础上，这里只介绍应收账款增减变动分析和应收账款时间构成分析。

其一，应收账款增减变动分析。应收账款增减变动分析是将应收账款期初数与期末数进行比较，看它的发展变化情况。在流动资产和销售收入不变的情况下，应收账款的绝对额增加了，表明企业变现能力在减弱，承担的风险增大，其占用比重不合理。如果应收账款的增长与流动资产增长、销售收入增长相适应，表明应收账款占用相对合理。由表20-1和表20-2所列资料可知：该公司2007年年末应收账款的绝对额比2006年年末减少2985万元，占流动资金总额的比重由2006年年末的25.5%降为2007年年末的23%。在主营业务收入增长了25%的情况下，应收账款比重不但没有上升，还下降了2.5%。这一成绩是喜人的，说明该公司应收账款变动趋势看好。

其二，应收账款时间构成分析。应收账款时间构成分析是对客户所欠账款时间的长短进行分析。一般来说，应收账款的回款时间越长，坏账风险越大，企业的损失越多，严重的会影响到企业资金的周转。

在对应收账款时间构成分析时，可采用账龄分析法。首先通过会计上提供的有关资料，将客户欠款时间按长短进行分类，并弄清每组账龄金额为多少，然后再将分类结果和所欠金额，编制账龄分析表进行分析。

第四，存货分析。企业存货主要包括：库存材料、在产品和产成品等。存货分析是对存货增减变动和存货周转速度分别进行分析，判断存货资产占用是否合理，原则上讲存货资产增加应以满足生产，不盲目采购和无产品积压为前提，存货资产减少应以压缩库存量加速周转，不影响生产销售为前提。

2. 固定资产项目分析

（1）固定资产变动情况分析。固定资产变动分析主要是对固定资产的更新、退废及增长情况进行分析，分析时主要通过以下几个指标进行。

第一，固定资产增长率。固定资产增长率是指一定时期内增加的固定资产原值对原有固定资产数额的比率。其计算公式为：

固定资产增长率=（期末固定资产原值−期初固定资产原值）/期初固定资产原值×100%

固定资产的增长应结合具体原因进行分析，看其增长是否合理。一般来说，企业增加生产设备，生产也应相应地增长，这样才能保证固定资产使用的经济效益。如果是非生产用固定资产，应考虑企业的经济承受能力。

第二，固定资产更新率。固定资产更新率是指一定时期内新增加的固定资产原值与期末全部固定资产原值的比率。其计算公式为：

固定资产更新率=本期新增固定资产原值/本期期末固定资产原值×100%

固定资产更新率是反映企业在现有固定资产中，经过更新的占多大比重，也反映了固定资产在一定时期内更新的规模和速度。在评价企业固定资产更新的规模和速度时，应结合具体情况进行分析，企业为了保持一定的生产规模和生产能力，必须对设备进行更新是合理的，但如果更新设备只是为了盲目扩大生产，则不合理。

第三，固定资产退废率。固定资产退废率是指企业一定时期内报废清理的固定资产与期初固定资产原值的比率。其计算公式为：

固定资产退废率=本期退废的固定资产原值/期初固定资产原值×100%

企业固定资产的退废应与更新相适应，这样才能维持再生产。退废数额中不包括固定资产盘亏和损坏的数额。

第四，固定资产净值率。固定资产净值率是指一定时期内固定资产净值总额与固定资产原值总额的比率。其计算公式为：

固定资产净值率=固定资产净值总额/固定资产原值总额×100%

固定资产净值率低，说明企业技术设备陈旧。

（2）固定资产结构分析。固定资产结构是指各类固定资产原值在全部固定资产原值中所占的比重。不同类别的固定资产所占比重的变动会直接影响企业生产能力的提高。分析固定资产结构及其增减变动情况可以使企业更合理地配备固定资产，使生产用固定资产在固定资产总额中所占比重更趋合理。

企业的固定资产按经济用途和使用情况分为七类，即生产用固定资产、非生产用固定资产、未使用固定资产、不需用固定资产、租出固定资产、融资租入固定资产和土地。

在各类固定资产中，生产用固定资产，特别是其中的生产设备，同产品生产直接相关在全部固定资产中应占较大的比重。非生产用固定资产是指间接服务于生产经营活动的各种劳动资料，如职工宿舍、俱乐部和托儿所等，它的作用主要在于改善职工的生活福利设施，为生产创造一个好的外部环境。这类固定资产在配置过程中，应掌握一个合理的比例。对于不需要的固定资产，企业应积极地采取措施，尽快合理地处理掉，减少资金占用，缩小其比重，使其降低到最低程度。影响固定资产构成的因素主要是企业的生产技术特点，如采掘企业的房屋和运输设备等在整个固定资产中所占比重较大，制造企业的厂房机器设备在整个固定资产中所占比重较大。因此，在分析固定资产结构是否合理时，应结合企业的工艺技术特点作出切合实际的评价。

3. 长期投资项目分析

企业进行长期投资的目的是多种多样的，有的是为了建立和维持与被投资企业之间稳定的业务关系，有的是为了控制被投资企业，有的是为了增强企业多样化经营的能力，但多数企业长期投资的目的主要还是为了增加企业的利润。由于长期投资的期限长，投资金额大，对企业的财务状况有很大的影响，因此，在进行报表分析时，应对长期投资给予足够的重视。进行长期投资分析，一般要在分析企业长期投资的合理性、合法性的基础上，进行长期投资的结构分析、效益分析和质量分析。

（1）长期投资的结构分析。长期投资构成分析的重点是分析企业对外投资比重的合理性。一般来说，企业生产经营没有达到最佳经济规模，或没有达到规模经济时，就不应该将自有资金向其他企业投资。也就是说，企业对外投资的比重为多少合适必须结合企业自身的经营状况、经济规模和发展战略来确定。

分析长期投资构成情况主要是对企业长期股权投资和持有至到期投资进行构成分析，长期股权投资主要从企业投资对象、投资规模、持股比例等方面进行分析，借以了解企业投资的经济效益；持有至到期投资一般按照欠账期长短进行分类分析，如果其中有超过合同约定期限的债权投资，其投资质量会受到影响，超过的期限越长，其可收回的可能性越差。

（2）长期投资的效益分析。对长期投资效益分析，一般从三个方面进行：一是分析被投资单位的生产业绩和利润分配政策；二是分析是否如实反映了投资收益；三是分析投资收益反映时，是否存在逃避所得税行为。

（3）长期投资的质量分析。长期投资质量分析可以将长期投资分为有市价的长期投资和无市价的长期投资两个方面进行分析。对于有市价的长期投资，一般可以从以下五种迹象中发现投资质量是否下降：一是市价持续2年低于账面价值；二是该投资暂停交易1年；三是被投资企业当年发生严重亏损；四是被投资企业连续2年发生亏损；五是被投资单位进行清理整顿、清算或出现其他不能持续经营的迹象。对于无市价的长期投资，可以从以下四个方面进行分析：一是影响被投资单位经营的政治或政策环境发生了重大变化；二是被投资单位所供应的商品或提供的劳务因产品过时或消费者偏好改变而使市场的需求发生变化，从而导致被投资单位财务状况发生严重恶化；三是被投资单位所从事的产业生产技术或竞争者数量等发生变化，被投资企业已经失去竞争能力，从而导致被投资单位财务状况出现恶化；四是被投资单位陷入财务困境。

4. 在建工程项目分析

对企业在建工程分析，主要从以下三个方面进行：一是企业是否有足够的资金来源；二是建设项目的预期收益率及其风险程度；三是企业经营环境和市场前景是否看好。同时在分析时，还应深入了解工程管理情况，及时发现存在的问题，加快资金周转速度。

5. 无形资产项目分析

对企业的无形资产进行分析，主要分析企业无形资产的规模、价值和质量。从无形资产的规模来看，随着科技进步特别是知识经济时代的到来，企业控制的无形资产的数量和质量直接决定了企业竞争能力的大小，无形资产在企业资产中占有的比例越来越大；从无形资产的价值来看，企业无形资产价值在资产负债表中反映的有许多偏颇之处，分析时要详细阅读报表的附注，了解企业无形资产的来源、性质，以谨慎的态度评价企业的无形资产的真正价值；从无形资产质量方面看，一般可以从该无形资产是否已经被其他新技术替代和市价是否出现大幅度下跌等迹象发现其质量下降的速度及其原因。

　　下面我们以ST东航（600115）为例，分析其在2008年年末和2009年中期的货币资金、应收账款账龄构成（见表20-4和表20-5）。

表20-4　　　　　　　　　　　**货币资金分析**　　　　　　　金额单位：千元

项　目	2009年6月30日	2008年12月31日
库存现金	5 249	4 039
银行存款	3 821 744	3 480 087
其他货币资金	1 674 101	2 159 848
合　计	5 501 094	5 643 974

表20-5　　　　　　　　　　　**应收账款款龄分析**　　　　　　金额单位：千元

账龄	2009年6月30日				2008年12月31日			
	金　额	占总额比例（%）	坏账准备	坏账准备计提比例（%）	金　额	占总额比例（%）	坏账准备	坏账准备计提比例（%）
1年以内	1 269.433	90.67	（35.134）	2.77	1 162.508	90.07	（31.261）	2.69
1～2年	6.276	0.45	（288.000）	4.59	15.665	1.21	（2.753）	17.57
2～3年	15.638	1.12	（12.618）	80.69	25.563	1.98	（10.237）	40.05
3年以上	108.682	7.76	（81.649）	75.13	86.867	6.74	（81.044）	93.30
合计	1 400.029	100.00	（129.689）	9.26	1 290.603	100.00	（125.295）	9.71

第21招　负债结构分析

负债结构是指各项负债占负债总额的比重。分析负债结构的目的主要是了解各项负债的性质和数额，进而判断企业负债的主要来源、偿还期限，从而揭示企业抵抗破产风险的能力和融资能力。

1. 流动负债构成比重分析

流动负债比重是指流动负债与负债总额之比。其计算公式为：

流动负债占负债总额的比重=流动负债/负债总额×100%

一个企业流动负债占负债总额的比重越大，说明企业对短期资金的依赖性强，企业偿还债务的压力就大，要想改变这种状况，唯一的办法就是加快资金周转速度。评价一个企业流动负债占负债总额的比重是否合理，主要看企业是否存在债务风险，同时还要考虑企业资产的周转速度和流动性。如果企业目前不存在债务风险，企业就可以尽可能多地利用流动负债；如果企业的流动资产周转速度快且流动性强，企业也可以有较多的流动负债。

2. 非流动负债比重分析

非流动负债比重指非流动负债与负债总额之比。其计算公式如下：

非流动负债占负债总额的比重=长期负债/负债总额×100%

非流动负债占负债总额比重的高低反映了企业借入资金成本的高低和筹措非流动负债成本的水平。在企业资本需求量一定的情况下，非流动负债占负债总额的比重越高，表明企业在经营过程中借助外来长期资金的程度越高，相应的企业偿债压力也就越大。

【例21-1】ABC公司2007年资产负债表有关项目如表21-1所示。要求：分析该企业的负债结构并进行简要评价。

表21-1　　　　ABC公司2007年12月31日负债情况表　　　　　单位：万元

项　　　目	2006年12月31日	2007年12月31日
流动负债合计	2 048 581 031.61	2 039 119 384.24
非流动负债合计	108 014 411.08	17 651 363.60
负债合计	2 156 596 442.69	2 056 770 747.84

计算该企业负债构成比例：

2006年年末流动负债占负债总额的比重=2 048 581 031.61/2 156 596 442.69

×100%=94.99%

2006年年末非流动负债占负债总额的比重=108 014 411.08/2 156 595 442.69

×100%=5.01%

2007年年末流动负债占负债总额的比重=2 039 119 384.24/2 056 770 747.84

×100%=99.14%

2007年年末非流动负债占负债总额的比重=17 651 363.60/2 056 770 747.84

×100%=0.86%

由计算结果得知，ABC公司2007年年末流动负债占负债总额的比重比2006年年末提高了4.15个百分点，但从总额上看呈下降趋势，这说明该比重的增加是由于长期负债的大量偿还所致，从非流动负债占负债总额的比重看也可以得到这一结论。因此，该公司2007年年末负债偿还的压力比2006年年末大大减弱。

3. 流动负债结构及增减变化情况分析

流动负债通常有利率低、期限短、金额小和到期必须偿还等特点，一般适合企业流转经营过程中短期的、临时的资金需要，不适合固定资产等非流动资产需要。进行流动负债结构分析主要是通过不同时点流动负债各项目占流动负债总额的比重及其增减变化情况来判断企业流动负债构成比重与变动趋势是否合理，以及对企业的生产经营活动有什么影响。

【例21-2】某公司2007年12月31日流动负债结构分析表见表21-2。

表21-2　　　　　　　2007年年末公司流动负债结构分析表

项 目	金额（万元）	占总额的百分比（%）
短期借款	25200	80.67
应付票据	500	1.60
应付账款	300	0.96
预收账款	400	1.28
应付职工薪酬	798	2.55
应付股利	28	0.09
应交税费	2 263	7.24
其他应付款	600	1.92
应付利息	1 150	3.68
流动负债合计	31 239	100.00

从表21-2中可以看出，该公司的短期借款在流动负债中占了80.67%，商业信用（包括应付票据、应付账款和预收账款等）项目金额只占3.84%，其他流动负债项目占15.49%。表明该公司的短期资金来源主要依赖于约束性强、成本较高、风险大的短期借款。而成本较低，甚至无成本，且风险较小的商业信用，只占极小比重。公司在利用商业信用融资方面做得不够。由此可以判断，该公司的流动负债的静态结构是一种偿债压力和风险均较大、成本较高的结构。公司在未来的理财活动中，应充分利用供货方提供的商业信用，降低融资成本和风险，减小企业的财务压力。

4. 非流动负债结构及增减变化情况分析

非流动负债具有利率高、期限长和金额大等特点，一般来说适用于企业购建固定资产，进行长期投资等需要。企业非流动负债结构是指长期负债各项目占长期负债总额的比重，它反映了非流动负债的分布情况。非流动负债的增减变动分析是指非流动负债各项目在非流动负债总额中所占比重的增减变动情况，它反映了非流动负债的变动趋势。

【例21-3】表21-3是某公司2007年12月31日非流动负债构成情况。

表21-3　　　　　　　　2007年年末公司非流动负债构成情况

项　目	金额（万元）	比重（%）
长期借款	20 100	66.78
应付债券	10 000	33.22
长期应付款	0	0
非流动负债合计	30 100	100

从表21-3可以看出，该公司非流动负债资金来源于长期借款和应付债券，其中，长期借款是其主要来源，在长期负债总额中所占的比重为66.78%；其次是应付债券，比重为33.22%。这两种融资方式均具有很强的约束性，附带条件多，财务压力或风险较大，而在非流动负债中相对不具有压力的长期应付款则为零。可见，该公司长期资金的融资渠道简单，非流动负债的静态结构表现为约束性强、财务压力或风险大的结构特点。

下面我们以万力达（002180）为例，来分析其在2008年年末的负债结构（见表21-4）。

表21-4　　　　　　珠海万力达电气股份有限公司　　　　单位：元

负债和股东权益	附注七	合　并	
		2008年12月31日	2007年12月31日
流动负债：			
短期借款	14	——	3 000 000.00
交易性金融负债		——	——
应付票据	15	13 798 219.85	7 075 910.09
应付账款	16	13 096 542.50	9 683 441.87
预收款项	17	13 294 141.83	12 578 581.50
应付职工薪酬	18	6 521 300.37	6 475 049.47
应交税费	19	1 667 372.84	5 481 872.34
应付利息		——	——
应付股利		——	——
其他应付款	20	2 754 555.18	512 076.37
一年内到期的非流动负债		——	——
其他流动负债		——	——
流动负债合计		51 132 132.57	44 806 931.64

2008年年末流动负债占负债总额的比重=99.18%

2008年年末非流动负债占负债总额的比重=0.82%

可见其负债基本上都属于流动负债。而流动负债的结构见表21-4。

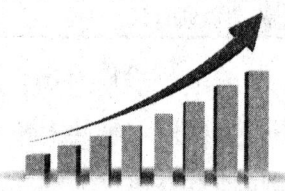

第22招　负债具体项目分析

在结构分析基础上，应对变化幅度较大或金额较大的负债项目进行重点分析，以便了解企业负债的具体变化情况和发展趋势。

1. 短期借款

短期借款是在企业流动资金不足的情况下，企业向金融机构举借的借款。进行财报分析时，应对会计期末短期借款的余额及期末与期初的余额变动情况进行重点分析，分析其中有无不正常之处，预测企业未来的现金流量，评价企业偿付短期借款的能力。

2. 应付票据

企业的应付票据是一种带有契约性质的商业信用。企业的应付票据如果到期不能支付，不仅会影响企业的信誉，而且会招致银行的处罚。因此在进行财报分析时，应当认真分析企业的应付票据，了解应付票据的到期情况，预测企业未来的现金流量，保证按期偿付应付票据。

3. 应付账款

对于企业来说，应付账款属于一种短期的资金来源，一般期限在30～60天之间，而且不用支付利息，按期偿付企业的应付账款，是一个企业在市场经济条件下的一种不容推辞的义务。不能按时偿付应付账款，不仅会影响企业的信誉，还会引起企业未来资金来源渠道的不畅和承担更多的法律处罚，从而给企业造成更大的损失。因此，在分析财报时，应注重对应付账款的分析，观察其中有无异常情况，测定未来的现金流量，保证及时偿付各种应付账款。

4. 预收账款

企业的预收账款是在企业发出商品或提供劳务前可以无偿使用的客户的款

项。在分析企业会计报表时，应对企业的预收账款进行重点分析，了解企业预收账款的变化情况，并预测企业未来营业收入的变动趋势。

5. 长期借款

长期借款具有融资速度快、借款弹性大、借款成本相对较低和限制性条款较多等特点。进行财报分析时，应对企业长期借款数额、增减变动及其对企业财务状况的影响进行详细分析，评价企业的长期偿债能力。

6. 应付债券

应付债券是企业向社会筹集资金的一种形式，其特点是筹资对象广、市场大、成本高、风险大、筹资时间长、限制条件多，因此，如果到期不能偿还，其社会影响大，社会压力大。进行财报分析时，应时刻关注应付债券的偿还时间和数额，关注企业偿还债券的能力。

7. 长期应付款

长期应付款包括融资租入固定资产应付款、采用补偿贸易方式引进国外设备的应付引进设备款等。其特点是使用灵活、约束性小、筹资成本相对较低、给企业带来的财务压力和风险较小等。在进行财报分析时，应对长期应付款的数额、增减变动及其对财务状况的影响程度进行分析。

下面我们以万力达（002180）为例，来分析其在2008年年末、2007年年末负债中应付账款的结构见表22-1。

表22-1　　　　　　负债中应付财报的结构分析　　　　金额单位：元

账　龄	2008-12-31		2007-12-31	
	账面余额	占总额比例（%）	账面余额	占总额比例（%）
1年以内	11 569 414.97	88.34	9 390 208.40	96.97
1~2年	1 351 114.06	10.32	151 084.02	1.56
2~3年	65 564.02	0.50	16 076.04	0.17
3~5年	90 714.14	0.69	114 020.30	1.18
5年以上	19 735.31	0.15	12 053.11	0.12
合　计	13 096 542.50	100.00	9 683 441.87	100.00

第23招 所有者股权结构分析

所有者权益是指企业资产扣除负债后由所有者享有的剩余权益。所有者权益来源于所有者投入的资本、直接计入所有者权益的利得和损失、留存收益等。

所有者权益分析的重点，在于分析各个构成项目的来源及各个项目之间的区别，进而理解所有者权益各部分所隐含的权益和义务。

企业股权结构是报表分析必须考虑的首要因素。股东对象、股东人数、股东背景以及股东持股比例都对企业经营和发展影响深远。我国上市公司的股权主要有国有股（包括国家股和国有法人股）、法人股和流通股三种类型。目前，国有股和法人股尚不能上市流通，只能协议转让。而流通股可以在沪、深两个证券交易所公开上市交易。由于国有股存在投资人缺位问题，流通股中的中小股民缺乏说话的渠道和影响力，所以法人股股东一旦在董事会中占绝对优势，企业的经营和决策便很容易受到操控。从某一方面讲，许多企业的治理不到位的问题都与其股权结构不无关系。

企业的股权结构有以下几种情况。

1. 股权高度集中

企业拥有一个绝对控股股东，该股东拥有绝对的控制权，在一股独大的情况下，企业的重大决策无疑由绝对控股股东决定，或受其影响，所以很可能出现小股东利益受侵害的现象。

2. 股权高度分散

企业没有绝对控股股东，企业的所有权与经营权基本完全分离，某一股东一方影响全局的可能性很小。

3. 企业虽没有绝对控股股东，但存在相对控股股东，企业重大经营和财务决策仍可能受制于某一集团

由于大股东对企业的重大决策、经营方向、盈利能力和资金投放等具有控制力和影响力，因此，股权结构分析是所有者权益分析中极为重要的环节。由于各企业的情况各不相同，报表分析者应结合具体情况进行具体分析。

对于股民来说，要看股权结构关键看前10大股东的构成。下面我们以中国海诚（002116）为例，来分析其在2008年年末的股权结构（见表23-1）。

表23-1　　　　　　　年末股权结构分析

股东总数	12.343万户				
股东名称	股东性质	持股比例	持股总数	持有有限售条件股份数量	质押或冻结的股份数量
中国海诚国际工程投资总院	国有法人	56.49%	64 403 846	64 403 846	0
上海解放传媒投资有限公司	国有法人	5.74%	6 538 462	0	0
前10名股东持股情况					
上海第一医药股份有限公司	国有法人	5.74%	6 538 462	0	1 000 000
上海城开（集团）有限公司	国家	3.73%	4 250 000	0	0
全国社保基金一零八组合	境内非国有法人	1.14%	1 299 951	0	0
杨志海	境内自然人	0.18%	209 231	0	0
郑定绸	境内自然人	0.17%	196 155	0	0
严晓俭	境内自然人	0.17%	196 155	0	0
深圳市三顺房地产投资有限公司	境内自然人	0.15%	174 000	0	0
韩静兰	境内自然人	0.14%	159 000	0	0

第24招　企业所有者权益变动分析

如果企业当期的股本发生变动，则需进一步分析变动的由来和这一变动对未来发展的推动力。一般而言，股本变动分为股本增加和股本减少两种情况。

1. 股本增加

股本增加通常有以下几点原因：

（1）增加发行股份，如增发、配股等。

（2）可转换债券实施转股。

（3）发行股票股利。

（4）企业并购而发行股票。

2. 股本减少

股本减少通常有以下两点原因：

（1）弥补亏损而减资。

（2）缩小经营规模而减资。

对于股本变动的分析应着重于股本增资的成本分析，分析新增资本有无合适的投资项目，新增资本的使用是否如承诺的投放，资本使用有无改变方向等。增加发行股份，可转换债券实施转股和企业并购而发行的股票，会导致企业所有者权益实质上的增加；而发行股票股利，则不会使企业的所有者权益有实质上的增加，只会使所有者权益结构发生变化。

下面我们以中国海诚（002116）为例，来分析其在2008年年末的股权变动情况（见表24-1）。

表24-1 　　　　　　　　　　　年末股权变动情况分析

项　目	本次变动前		本次变动增减（+，−）					本次变动后	
	数量	比例	发行新股	送股	公积金转股	其他	小计	数量	比例
一、有限售条件股份	85 000 000	74.56%				−19 448 658	−19 448 658	65 551 342	57.50%
1.国家持股	4 250 000	3.73%				−4 250 000	−4 250 000	0	0.00%
2.国有法人持股	70 942 308	62.23%				−6 538 462	−6 538 462	64 403 846	56.49%
3.其他内资持股	9 807 692	8.60%				−8 660 196	−8 660 196	1 147 496	1.01%
其中：境内非国有法人持股	6 538 462	5.74%				−6 538 462	−6 538 462	0	0.00%
境外自然人持股	3 269 230	2.87%				−2 121 734	−2 121 734	1 147 496	1.01%
4.外资持股									
其中：境外法人持股									
境外自然持股									
5.高管股份									
二、无限售条件股份	29 000 000	25.44%				19 448 658	19 448 658	48 448 658	42.50%
1.人民币普通股	29 000 000	25.44%				19 448 658	19 448 658	48 448 658	42.50%
2.境内上市的外资股									
3.境外上市的外资股									
4.其他									
三、股份总数	114 000 000	100.00%				0	0	114.000 000	100.00%

第25招　所有者权益项目的分析

所有者权益企业投资者自有的对净资产的所有权，它既是企业生存和持续发展的基础，也是企业维护债权人权益的基本保证。因此，站在债权人的立场上看，当然是所有者权益的规模和所有者权益与总资产的比率越大越好，不过对企业投资者和经营者来说则并非如此。聪明的资本经营者总是希望能够"借钱生钱，借鸡下蛋"。

1. 实收资本或股本分析

实收资本就企业实际收到投资者投入的资本额，包括国家资本、法人资本、个人资本和外商资本等。对股份制企业而言，实收资本不是股本。实收资本通常占企业全部所有者权益的绝大比重，是企业所有者权益的主要组成部分。关于企业的设立，国家都规定有注册资本的最低限额。

首先，企业应将实收资本与注册资本的最低限额进行比较，看是否符合国家的要求。

其次，企业还应当观察实收资本的结构，并根据资本产权多元化的状况建立合理的、代表各方利益的治理结构。

再次，企业还可以将资本结构与净收益分配结构进行比较，观察资本的平等权利在企业的实现程度。

最后，企业也可以将资本与负债进行比较，观察企业财务结构的稳定性和风险性。

2. 资本公积分析

资本公积包括资本溢价（或股本溢价）和其他资本公积等。按照规定，资本公积中的资本溢价（或股本溢价）可以转增资本，而其他资本公积转增资本则受到一定的限制。

3. 盈余公积分析

盈余公积是企业按规定从税后净利润中提取的积累资金，包括按净利润10%计算提取的法定盈余公积和企业自主确定的任意盈余公积两部分。

按规定，盈余公积可以转增资本，可以用于弥补亏损，在特殊情况下还可以用于分配股利。盈余公积的数量越多，企业资本积累能力、亏损弥补能力、股利分派能力以及应付风险能力就越强。

4. 未分配利润分析

未分配利润反映企业各年累积的尚未分配给投资者的利润。按规定，当年未分配的利润可以并入以后年度进行分配。因此，这部分利润越多，说明企业当年和以后年度的积累能力、股利分派能力以及应付风险的能力越强。

对于股民来说，要重点看未分配利润的构成，这个项目暗示了将来分红送股的潜力。下面我们以中国海诚（002116）为例，来分析其在2008年年末的未分配利润结构（见表25-1）。

表25-1　　2008年年末未分配利润结构分析　　单位：元

项　　目	本 年 数	上 年 数
上年年末余额	59 436 112.57	23 060 383.57
加：会计政策变更		11 710 169.29
前期差错更正		
本年年初余额	59 436 112.57	34 770 552.86
加：合并净利润	65 658 033.08	53 479 780.41
盈余公积弥补亏损		
其他转入		
减：提取法定盈余公积	3 972 015.75	2 967 459.20
提取任意盈余公积		
对股东的分配	23 940 000.00	18 239 999.41
少数股东的损益	9 032 424.08	7 606 762.09
本年年末余额	88 149 705.82	59 436 112.57

第26招 企业短期偿债能力分析

偿债能力是指企业清偿到期债务的现金保障程度。一般来说，企业的偿债能力分为短期偿债能力和长期偿债能力。

企业的短期偿债能力是指企业用其流动资产偿还流动负债的能力。企业能否及时偿付到期的流动负债，是反映企业财务状况好坏的主要标志。企业的偿债能力分析通常采用指标分析方法，反映企业短期偿债能力的财务指标主要有营运资金、流动比率、速动比率和现金比率等四项，其数据通常来自企业的资产负债表。

1.营运资金

一个企业的流动资金越多，短期债务越少，其偿债能力就越强。如果企业的流动资产偿还了全部的流动负债之后，还有剩余，即为营运资金。其计算公式为：

营运资金=流动资产-流动负债

营运资金反映了企业流动资产偿还流动负债后的余额。营运资金越多企业的偿债能力越强，债权人收回债权的安全性就越高。分析企业营运资金状况，一般是进行比较分析，即比较企业不同时期的营运资金变化情况。

营运资金保持多少是合理的，没有一个统一的标准。不同行业的营运资金规模有很大的差别，如零售业的营运资金规模较大，而餐饮服务业的营运资金很少；同一行业的不同企业之间的营运资金也缺乏可比性，如制造业一般有正的营运资金，但其数额在不同的企业里有着较大的差别。因此，在实务中很少使用营运资金作为偿债能力的指标。

2. 流动比率

流动比率是流动资产和流动负债之间的比率，它表示每元流动负债有多少流动资产作为还款的保障，同时也表示企业在遇到突发性现金流出（如发生意外损失）时的支付能力如何。其计算公式为：

流动比率=流动资产/流动负债

判断流动比率指标的好坏，一般的标准为：该指标越大，表明公司短期偿债能力越强，公司的财务风险越小。但该指标不是越大越好，对于公司来说，过高的流动比率不仅意味着企业丧失了机会收益，还会影响资金的使用效率和企业的获利能力。一般认为，流动比率维持在2∶1左右较为合适。

分析流动比率的方法，一般可以从两方面进行：一是将本企业历史各期流动比率进行比较，发现其中存在的问题，判断企业短期偿债能力的变化趋势；二是与同行业平均流动比率进行比较，判断其企业的流动比率是否赶上或超过行业的平均水平。另外，还必须在对流动资产和流动负债的内容进行详细分析的基础上，得出正确的结论。因为存货等流动性相对较差的流动资产所占比例过高的话，会直接影响利用流动比率进行短期偿债能力的结论，这也是流动比率的局限性所在。

3. 速动比率

速动比率是流动资产扣除存货部分后除以流动负债的比值。它表明企业的流动资产中可以立即用于偿还流动负债的能力。其计算公式为：

速动比率=速动资产/流动负债

公式中速动资产的计算有两种方法：

速动资产=流动资产-存货

或：速动资产=货币资金+交易性金融资产+应收票据+应收账款净额

这两种计算方法的区别在于第二种方式中除扣除了存货之外，还扣除了其他流动资产等流动性较差的流动资产，使得速动的含义更加清晰。因此，将这种方式计算的速动比率称为保守速动比率，这也是国际上流行的计算方法。

通常，由于速动资产的变现能力较强，正常的速动比率应该为1，即在无需动用存货的条件下，也能保证对流动负债有足够的偿还能力。如果速动比率小于1，则表明企业必须变卖部分存货才能偿还短期负债，对于短期债权人来说，速动比率越高越好。但是，过高的速动比率表明企业将拥有大量的货币性资产，这可能会使企业失去一些有利的投资和获利机会。

速动比率分析通常应在企业不同会计年度之间，不同企业之间并参照行业标准进行比较分析。在分析过程中，出于稳健考虑，还应该详细分析速动资产、流动资产和流动负债的情况。

4. 现金比率

现金比率是指企业的现金类资产与流动负债之间的比率，它反映企业直接偿付流动负债的能力，表明在最坏情况下企业的短期偿债能力如何。该指标有两种表示方式：

现金比率=货币资金/流动负债

或：现金比率=（货币资金+现金等价物）/流动负债

现金比率是最严格、最稳健的衡量企业短期偿债能力的指标，它反映了企业的随时偿债能力。现金比率过低，表明企业当前一些要偿付的款项存在一定的困难；现金比率过高，则表明企业拥有较多的可以立即用于支付债务的现金资产。但是，过高的现金比率从另一个侧面表示企业通过负债筹集资金的方式没有得到充分的利用，使企业失去了投资获利的时机。一般认为，该项比率应保持在20%以上为宜。

除上述各项比率中涉及的有关因素之外，企业还存在很多影响短期偿债能力的因素，这些因素包括：企业可以动用的银行贷款指标、准备很快变现的非流动资产、企业长期以来形成的偿债信誉、一些或有负债和担保责任引起的负债等。对于这些因素，在进行短期偿债能力分析时也应结合企业实际情况进行分析。

对于股民来说，要看短期偿债能力关键看流动比率和速动比率。下面我们以中国海诚（002116）为例，来分析其有关指标（见表26-1）。

表26-1　　　　　　　　　　短期偿债能力分析

财务指标（单位）	2009-09-30	2008-12-31	2007-12-31	2006-12-31
流动比率（%）	1.4302	1.4397	1.4766	1.4055
速动比率（%）	1.3629	1.1660	1.4125	1.4055

以上比率均在1以上，表明公司短期偿债能力充足。

第27招　企业长期偿债能力分析

企业的长期偿债能力是指企业偿还长期债务的能力，这些长期债务通常包括长期借款、应付债券和长期应付款等。对于一笔债务，企业一般同时负担偿还债务本金和支付债务利息两种责任，因而分析一个企业的长期偿债能力，主要是确定企业偿还债务本金和支付利息的能力。

长期偿债能力分析主要是通过分析以企业资产负债表为主的报表中有关数据，分析权益与资产之间的关系，以及不同权益之间的内在关系，进而计算出一系列财务比率。这些财务比率包括：资产负债率、产权比率、有形净值债务率和已获利息倍数等。

1. 资产负债率

资产负债率是企业负债总额与资产总额的比率，它表明企业资产总额中，债权人提供的资金（债权人权益）所占的比重，以及企业资产对债权人权益的保障程度。其计算公式为：

资产负债率=负债总额/资产总额×100%

资产负债率从不同的角度，有不同的判断标准：对于债权人来说，认为此指标越低越好，因为该指标越低，表明债权人投入资本的安全性越高，其风险也就不大；对于所有者来说，在企业投资收益高于借款利息时，认为该指标越大越好，因为这时该指标越大，表明企业越能获得更多的利益，而在企业经营不景气时，想法则相反；对于企业经营者来说，该比率高低取决于经营者对企业经营前景的信心和对风险所持的态度，一个保守的经营者，会认为该指标越小越好，而对一个冒险家来说，则是越大越好。一般认为，该指标应不低于100%。但是，究竟多少才合适，也不是一概而论，其具体标准应该根据企业的环境、经营状况和盈利能力等来评价。

2. 产权比率

产权比率是指企业的负债总额与所有者权益总额之间的比率，它反映了投资者对债权人的保障程度。其计算公式为：

产权比率=负债总额

所有者权益总额×100%

判断产权比率的标准，一般认为1：1最为理想。该指标越低，表明企业的长期偿债能力越强，债权人风险越小，债权人越愿意为企业增加借款；该指标越高，表明企业的长期偿债能力越弱，债权人承担的风险越大。根据经验标准，该指标若达到200%以上，表明企业的各种财务杠杆的利用已经健全，企业的财务风险极高；若该指标达到500%以上，表示企业已经过度使用了财务杠杆，出现了资金周转不灵的状况，应及时进行整顿；若达到了1 000%以上，则表明企业已经到了濒临破产的边缘，处于极度危险的境地；当达到了3 000%时，企业即应进行破产清算。

在具体分析过程中，该指标必须与其他企业以及行业平均水平进行对比分析，才能得出正确的判断。

3. 有形净值债务率

有形净值债务率是指企业负债总额与有形净值之间的比率。有形净值是指所有者权益减去无形资产净值后的差额。相对于产权比率来讲，有形净值比全部所有者权益的计量更加可靠，所以说有形净值债务率是保守的、稳健的产权比率指标。从考察企业长期偿债能力的角度讲，该指标越低越好。其计算公式为：

有形净值债务率=负债总额/（所有者权益−无形资产净值）×100%

4. 已获利息倍数

已获利息倍数是指企业经营业务收益与利息费用之间的比率，又称利息保障倍数。该指标主要用于衡量企业偿付借款利息的能力。其计算公式为：

已获利息倍数=息税前利润/利息费用

该指标的数据来源为："息税前利润"由利润表中的"利润总额"加上利息费用得到，但是目前我国的利润表中"利息费用"没有单列，所以只能以

"财务费用"来估计，同时还要加上计入固定资产成本中的资本化利息费用。

一般来说，已获利息倍数指标越高，表明企业支付利息费用的能力越强，企业对到期债务偿还的保障程度也就越高，从长期来看，该指标一般要大于1；如果该指标过小，表明企业将面临亏损，偿债的安全性和稳定性将面临下降的风险。

该指标的分析方法通常采用与本行业平均水平进行比较和本企业连续几年的指标比较。

结合这一指标，企业一般还计算长期负债与营运资金之间的比率，即长期负债除以营运资金。这一指标在一般情况下不小于1，即长期负债不超过营运资金。

除上述几项指标外，影响企业长期偿债能力的因素还包括：长期租赁、担保责任和或有负债等。在进行长期偿债能力分析时也应给予考虑。

对于股民来说，要看长期偿债能力关键是看负债率和股东权益比率。下面我们以中国海诚（002116）为例，来分析其有关指标（见表27-1）。

表27-1　　　　　　　　　　长期偿债能力分析

财务指标（单位）	2009-09-30	2008-12-31	2007-12-31	2006-12-31
资产总额（万元）	124 361.1900	117 907.5300	102 259.9500	46 156.4100
负债总额（万元）	76 430.0400	70 764.4400	59 178.7100	25 869.9200
股东权益（万元）	43 827.4400	43 224.2600	39 456.6600	17 761.6400
资产负债率（%）	61.4581	60.0168	57.8708	56.0483
股东权益比率（%）	35.2420	36.6594	38.5846	38.4814

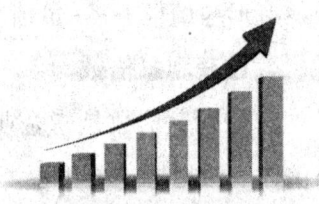

利润表分析

第28招　分析利润表的独特性质

利润表是反映企业一定时期内经营成果的会计报表。它是把一定期间的营业收入与其同一会计期间相关的营业费用进行配比，以计算出企业一定时期的净利润（或净亏损）。由于利润是企业经营业绩的综合体现，又是进行利润分配的依据，因此利润表是会计报表体系中的主要报表。利润表的作用主要表现在以下几个方面。

1. 可据以正确评价企业各方面的经营业绩

利润表反映企业在一定期间内各种收入和成本费用发生情况及其最终的财务成果状况。通过对其分析，可以确定企业在这一会计期间是取得了利润还是发生了亏损，同时通过不同环节的利润分析，可准确说明各环节的业绩，这有利于准确评价各部门和各环节的业绩。

2. 可据以及时、准确地发现企业经营管理中存在的问题

企业的损益是各项工作的收益与耗费的集中表现，企业的各项工作无不发生收益和费用，无不通过收益和费用的比较表现出来，企业的损益是反映企业生产经营情况的综合性指标。因此，通过对利润表的分析，可发现企业在各环节存在的问题，这有利于促进企业全面改进经营管理，不断提高管理水平。

3. 可据以分析和预测企业发展趋势和收益能力的重要依据

利润表提供企业营业利润、投资净收益和营业外收支等企业损益的明细情况，据此可以分析企业损益形成的原因，了解企业利润的构成。

4. 可据以作出合理的经济决策

投资者要进行投资决策；债权人要进行信贷决策；经营者要进行经营决策；国家要进行宏观经济决策；员工要进行就业决策等，所有这些经济决策，都离不开利润这一重要的依据或标准，而利润表无疑是提供这些依据的重要来源。

第29招　分析利润表的格式

由于计算利润的方法有两种，相应利润表的格式也有两种。按照第一种方法计算利润的利润表格式称为单步式利润表；按照第二种方法计算利润的利润表格式称为多步式利润表。

1. 单步式利润表

单步式利润表是将本期所有收入加在一起，然后再把所有支出加在一起，两者相减，一次计算出企业当期的净损益。其基本格式如表29-1所示。

表29-1　　　　　　　　　　利润表（单步式）

项目	行次	本月数	本年累计数
一、收入 主营业务收入 其他业务收入 投资收益 营业外收入 收入合计			
二、支出 主营业务成本 主营业务税金及附加 其他业务成本 销售费用 管理费用 财务费用 投资损失 营业外支出 支出合计			
三、利润总额			

从表29-1中可以得到以下计算关系：

收入合计=主营业务收入+其他业务收入+投资收益+营业外收入

支出合计=主营业务成本+主营业务税金及附加+其他业务成本+销售费用+管理费用+财务费用+投资损失+营业外支出

利润总额=收入合计－支出合计

单步式利润表的主要优点是表式简单、易于理解，避免了项目分类上的困难。但单步式利润表提供的资料过少，不利于前后对应项目的比较。

2. 多步式利润表

多步式利润表是按照企业利润形成的主要环节，按照主营业务利润、营业利润、利润总额和净利润四个层次来分步计算，以详细地揭示企业利润的形成过程。我国现行会计制度要求企业采用多步式利润表。表29-2是多步式利润表实例。

表29-2　　　　　　　　　　利润表（多步式）

编制单位：××××年××月　金额单位：人民币元

项　　目	注释	本年实际数	上年实际数
一、营业收入			
减：营业成本			
营业税金及附加			
销售费用			
管理费用			
财务费用			
资产减值损失			
加：公允价值变动收益（损失以"-"号填列）			
投资收益（损失以"-"号填列）			
其中：对联营企业和合营企业的投资收益			
二、营业利润（亏损以"-"号填列）			
加：营业外收入			
减：营业外支出			
其中：非流动资产处置损失			
三、利润总额（亏损以"-"号填列）			
减：所得税费用			
四、净利润（净亏损以"-"号填列）			
归属于母公司所有者的净利润			
少数股东损益			
五、每股收益			
基本每股收益			
稀释每股收益			

多步式利润表对项目进行了详细分类，分步骤地反映了利润总额的形成情况，层次清楚，便于企业前后各期报表及不同企业间报表的对比，有利于分析企业的盈利水平，评估企业的管理绩效，并据以找出利润增加或减少的原因，使企业经营者能采取相应措施，提高企业经济效益。

下面我们以中国海诚（002116）为例，来看其2008年年报中利润表格式（见表29-3）。

表29-3　　　　　　　　　　　　利润表

2008年度

编制单位：中国海诚工程科技　　　　　　　　　金额单位：人民币元

股份有限公司

项　　目	注释	本年实际数	上年实际数
一、营业收入	九、4	602 319 864.86	462 510 964.02
减：营业成本	九、4	553 067 038.07	416 677 094.30
营业税金及附加		11 060 781.98	11 474 696.98
销售费用		3 473 759.48	2 726 282.16
管理费用		21 891 838.59	16 901 448.52
财务费用		−3 151 546.50	−2 272 789.48
资产减值损失	九、6	−374 461.25	3 012 207.08
加：公允价值变动收益（损失以"−"号填列）			
投资收益（损失以"−"号填列）	九、5	22 711 253.89	15 756 834.73
其中：对联营企业和合营企业的投资收益		80 511.90	153 824.28
二、营业利润（亏损以"−"号填列）		39 063 708.38	29 748 859.19
加：营业外收入		896 501.37	16 000.00
减：营业外支出		557 947.50	90 267.21
其中：非流动资产处置损失			87 867.21
三、利润总额（亏损以"−"号填列）		39 402 262.25	29 674 591.98
减：所得税费用		−317 895.24	
四、净利润（净亏损以"−"号填列）		39 720 157.49	29 674 591.98
归属于母公司所有者的净利润		39 720 157.49	29 674 591.98
少数股东损益			
五、每股收益			
基本每股收益			
稀释每股收益			

第30招　分析利润表的结构

利润表一般由表首、基本部分和补充资料三部分组成。

1. 表首部分

表首部分主要填制报表名称、编制单位、计量单位、报表编号以及报表编制的期间。需要强调的是，利润表的编表日期，一般填写"某年某月份"或"某个会计年度"，因为利润表是反映某一期间的损益的动态报表。

2. 基本部分

基本部分是利润表的主体，列示其具体项目，主要反映收入、成本、费用和利润各项目的具体内容及其相互关系，揭示了企业财务成果的形成过程。我国利润表栏目一般设有"本月数"和"本年累计数"两栏。"本月数"栏反映表中各项目的本月实际发生数，"本年累计数"栏反映各项目自年初起至本月止的累计实际发生数。

我国企业会计制度规定的利润表基本部分的内容，由以下四个方面构成：

（1）营业利润。由营业收入减去营业成本、营业税金及附加、销售费用、管理费用、财务费用和资产减值损失，再加上公允价值变动收益和投资收益，得出营业利润。

这部分利润能客观地反映企业经营的各种业务所形成的利润金额，企业的经营能力和盈利能力主要通过营业利润体现出来。

（2）利润总额。由营业利润加上营业外收入减去营业外支出，得出利润总额，即企业的税前利润。

（3）净利润。由利润总额减去所得税费用后得出净利润，即企业的税后利润。这部分的计算，各行业的利润表都是统一的。企业的最终经营成果都是通过净利润反映的。

3. 补充资料部分

这部分主要列示那些影响本期财报金额或未来经营活动，以及有助于报表使用者准确地分析企业经营成果的事项等，而在本期利润表中无法或不便于表达，均列于报表的补充资料进行揭示。

多步式利润表对项目进行详细分类，分步骤反映利润总额的形成情况，层次清楚，有利于企业前后各期报表及不同企业间报表的对比，并便于分析企业的盈利水平，评估企业的管理绩效，并据以找出利润增加或减少的原因，企业经营者可相应采取措施，提高企业经济效益。

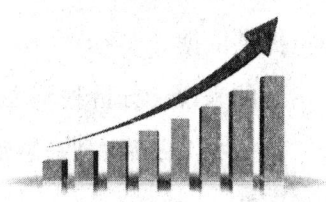

第31招　利润表分析的基本程序

利润表揭示了企业利润的形成过程，或者说反映了利润的基本构成。

解读利润表必须关注形成利润的重点项目，以具体了解企业利润形成的主要因素，找出影响企业盈利能力的主要原因，从而为内部经营管理和外部投资决策提供依据。

总的来说，分析利润表或利润形成过程的基本程序为：

第一，要从有关收益项目总额之间的内在关系角度考察利润形成的持久性和稳定性。

第二，再对利润表中各个收入、费用项目进行逐一解读。

第三　分析这些项目的真实性、完整性，从而对企业的收益质量进行判断。

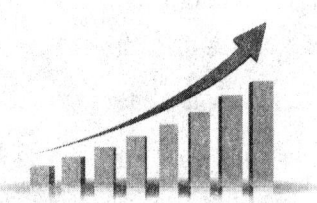

第32招　收入确认及其分析

收入是企业在销售商品、提供劳务和让渡资产使用权等日常经营活动中产生的经营利益的总流入。在市场经济条件下，企业只有不断地增加收入、扩大利润，才能提高其偿债能力，筹集更多的资金，以扩大生产经营规模，提高其市场竞争力。因此，收入的大小直接关系到企业的生存和发展。所以，要经常对各种收入进行分析，了解收入的构成及其变化，判断其中存在的问题，为企业的经营决策提供依据。

1. 企业收入确认与计量分析

（1）企业收入确认分析。

第一，收入确认。收入的确认具体讲就是什么情况下企业可以认为它已经取得了营业收入。按照规定，企业经营活动所获得的收入应按以下原则确定：①企业已将商品所有权上的主要风险和报酬转换给购货方。②企业既没有保留通常与所有权相联系的继续管理权，也没有对已售出的商品实施控制。③与交易相关的经济利益能够流入企业。④相关的收入和成本能够可靠地计量。

企业销售商品应同时满足上述四个条件，才能确认收入。任何一个条件没有满足，即使收到货款，也不能确认收入。

第二，企业收入确认的分析。在明确收入内涵的基础上，着重应进行以下几方面分析：①收入确认时间合法性分析。即分析本期收入与前期收入或后期收入的界线是否分清。②在特殊情况下企业收入确认的分析。例如，商品需要安装或检验时收入的确认；附有销售退回条件的商品销售收入的确认等。③收入确认方法合理性的分析。如对采用完工百分比法的条件与估计方法是否合理等的分析。

（2）企业收入计量分析。企业收入计量包括主营业务收入的计量分析和投资收入的计量分析两部分。

第一，主营业务收入的计量分析。在销售过程中，有时会由于产品质量不合格或者发出商品不符合规格等原因而发生退货即销售退回；有时会由于商品的质量、规格不符合要求而在价格上给予适当的减让即销售折让。此外，企业为了促进客户尽早付款，往往给予现金折扣，即客户在规定期限内偿付货款可以按货款的一定百分比少付一部分货款。销售退回、销售折让和销售折扣都会使实际营业收入少于按照销售价格计算的营业收入，所以在核算营业收入时应当将这部分销售退回、销售折扣及销售折让从当期营业收入中扣除。对主营业务收入的计量分析，关键在于确认销售退回、折扣与折让的计量是否准确。

第二，投资收入的计量分析。投资收入计量分析根据投资收入的内涵，可分为利息收入分析、资产使用费收入分析和股利收入分析。分析时应结合各项目特点与选择的会计政策情况分别进行，以确认企业投资收入计量方法和计量结果的准确性。

2. 收入结构分析

收入结构是指不同性质的收入与总收入的比重。对收入结构的分析，可从以下两方面进行：

一是分析经常性收入比重。全部收入包括营业收入、投资收入和营业外收入，它有经常性业务收入和非经常性业务收入之分。不同性质的收入对企业盈利能力的质量有影响，所以分析收入结构时应注意收入的性质。经常性收入主要就是主营业务收入，其一般具有持续发展能力，而基于偶发事项或间断性的业务引起的非经常性收入，即使在性质上是营业性的，其也是不稳定的。因此，对企业来说，使再生的经常性收入始终保持一个较高的比例，无疑是必要的。借助这个结构分析，可以分析企业持续经营的能力大小。

二是有效收入比重。会计上的收入是依据权责发生制的原则来确认的。在市场经济条件下，按照这个原则确认收入，就有可能出现这样一种情况：收入已经确认或体现在报表上了，但货款未收到甚至出现坏账。这种收入，实际上就是无效收入。无效收入不仅不能为企业带来实际经济利益，而且给企业带来经济损失。因此，企业在收入结构分析时，应根据其经验以及相关的资料对无效收入作出合理估计。

通过对收入结构的分析，可以了解与判断企业的经营方针、方向及效果，进而可分析预测企业的持续发展能力。如果一个企业的主营业务收入结构较低或不断下降，其发展潜力和前景显然是值得怀疑的。

下面我们以中国海诚（002116）为例，来看其收入结构（见表32-1）。

表32-1　　　　　　　　　　　收入结构分析

项目名称	营业收入（万元）	营业利润（万元）	毛利率（％）	占主营业务收入比例（％）
工程总承包（行业）	59 602.56	4 234.03	7.10	62.23
咨询服务（行业）	35 464.04	8 264.67	23.30	37.03
总承包业务（产品）	59 602.56	4 234.03	7.10	62.23
设计业务（产品）	25 699.39	5 256.96	20.46	26.83
监理业务（产品）	5 080.82	892.33	17.56	5.30
咨询业务（产品）	4 683.83	2 115.38	45.16	4.89
华北（地区）	20 629.30	—	—	21.54
西北（地区）	1 221.41	—	—	1.28
华东（地区）	27 275.78	—	—	28.48
中南（地区）	21 453.04	—	—	22.40
西南（地区）	3 999.46	—	—	4.18
东北（地区）	338.80	—	—	0.35
境外（地区）	20 148.81	—	—	21.04

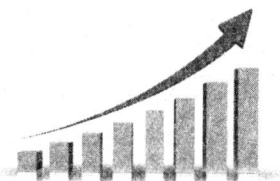

第33招　费用类项目及其分析

费用是企业在销售商品、提供劳务等日常活动中所发生的经济利益流出。它是由以下三种原因引起的：一是生产和销售商品；二是加工和提供劳务；三是提供他人使用本企业资产的损失等。经济利益流出的形式也有三种：一是资产减少；二是负债增加；三是两者兼有。对于费用的分析可以从以下几个方面进行。

1. 费用的确认和计量分析

（1）费用的确认。费用的确认就是一项耗费在何时才能被确认为费用。按照规定，费用应当按权责发生制的原则在确认有关收入的期间予以确认。所谓权责发生制，是指在收入和费用实际发生时进行确认，不必等到实际收到现金或者支付现金时才确认。凡在当期取得的收入或者应当负担的费用，不论款项是否已经收付，都应当作为当期的收入或费用；凡是不属于当期的收入或费用，即使款项已经在当期收到或已经当期支付，都不能作为当期的收入或费用。

具体可按以下情况确认本期的费用：①按其与营业收入的因果关系确认费用。凡是与本期收入有直接关系的耗费应确认为本期的费用，也就是说，凡是为取得本期营业收入而发生的耗费应确认为本期的费用。②按合理的分摊方式确认费用。如果某种耗费所能带来的经济利益将在若干个会计期间内发生，那么这种耗费应当按合理的分摊方式在不同的会计期间内进行分摊，分别确认为不同会计期间的费用。例如，固定资产在其有效使用年限内为企业带来经济利益，因而其价值的耗费应按一定的分摊方法（即折旧方法）在不同会计期间进行分摊，确认为不同期间的费用。同样，商标权、专利权、专用技术和商誉等无形资产也属于这种情况。

（2）费用的计量。企业应按实际成本来计量其费用。这里所称的实际成本，是指费用所耗费的商品或劳务的实际价值。大多数费用应按其实际发生额进行计量，固定资产的折旧和无形资产的摊销等按其实际分摊数进行计量。

2. 费用结构分析

在分析时，应特别注意分析费用确认时间是否合法，费用确认方法是否合理。支出结构是指不同性质的支出占总支出的比重，其计算公式为：

支出结构=某项支出/支出总额×100%

根据支出类项目结构分析表，可以计算出各项支出项目占全部支出的比重，可以观察出支出类项目结构的变化情况，与其他同类企业有多大差异，这些变化及其差异是否合理。

3. 增减变动分析

通过编制支出类项目增减变动分析表，将本年实际支出与上年实际支出进行比较，用来了解支出的增减变动情况，研究影响支出变动的因素和原因，以及应负责任的单位和个人，并提出积极建议，以采取有效的措施，进一步挖掘增产节约、降低支出的潜力。

4. 主营业务成本分析

主营业务成本是企业已销售产品和提供劳务的实际成本。对企业来说，营业成本的高低直接关系到企业利润的多少。因为主营业务成本是主营业务收入最重要的，往往也是最大的扣除项目。在主营业务收入与主营业务税金及附加不变的条件下，主营业务利润直接取决于主营业务成本的高低。主营业务成本提高则主营业务利润、利润总额下降；反之，主营业务成本下降，则主营业务利润、利润总额提高。工业企业的主营业务成本是企业产品销售量与已销产品单位成本的乘积。在产品销售量既定的情况下，主营业务成本的多少取决于已销产品的单位成本，而已销售产品的单位成本又取决于产品的单位生产成本。

在进行财报分析时，需要对主营业务成本进行重点的分析和研究，其目的就是为了降低主营业务成本，以增加利润。而要降低主营业务成本，关键在于降低产品的生产成本。现我们先对产品生产成本进行分析。

（1）产品生产成本总额分析。成本管理的目的是为了降低成本，因而生产成本分析的内容主要是分析成本升降情况，包括与计划相比的升降情况和上年度相比的升降情况。

第一，与上年相比的成本升降情况。成本升降情况可以从绝对数和相对数的角度进行分析。所谓从绝对数的角度进行分析，是指计算成本升降额，用公式表示为：

成本升降额=本年成本额－上年成本额

所谓从相对数的角度进行分析，是指计算成本升降率，用公式表示为：

成本升降率=成本升降额/上年成本额×100%

需要注意的是，我们无论是计算成本降低额还是计算成本降低率，都是指由于单位成本变化而发生的成本降低，而不是由于产量变动而发生的成本变化，因此在计算上年成本时都使用本年产量按上年平均单位成本计算的指标值，而非上年实际发生的成本额。

第二，与计划相比成本升降情况。为了加强对成本的控制和管理，企业一般都编制成本计划，其中对各产品，特别是主要产品规定有相应的成本降低任务。在进行成本分析时，应将本年度成本与上年度成本进行对比，分析全部产品和主要产品成本实际升降额和升降率。此外，还应进一步将实际成本完成情况与计划成本进行对比检查，分析主要产品成本降低计划任务的完成情况，以便加强对主要产品成本的管理。

（2）产品单位生产成本分析。进行成本分析的目的是为了降低成本，而降低成本关键在于产品单位成本。因此，在对生产成本和主营业务成本进行总体分析的基础上，应对企业产品，特别是主要产品的单位成本进行分析。产品单位成本的分析一般是先分析各种产品实际单位成本比计划、比上年的升降情况，然后进一步按成本项目分析其成本变动情况，查明单位成本变动的原因。

（3）成本项目分析。产品的生产成本是由直接材料、直接人工和制造费用三部分组成，相应地产品的单位成本也由这三个项目组成。在分析单位成本升降的基础上，应进一步分析单位成本组成项目的增减变动，从而查明单位成本变动的原因，了解成本管理中存在的问题，进一步挖掘潜力，从而为降低成本提供依据。

第一，直接材料项目分析。材料费用的多少，取决于材料消耗量和材料单价，由于生产一种产品需要使用不同材料，因而单位产品成本材料费用应是各种材料消耗费用之和。用公式表示为：

单位成本中直接材料费用=∑（单位产品材料消耗量×材料单价）

由于材料单价变动是企业外部因素，非企业所能左右，因而总的来讲，企业要控制直接材料费用关键在于降低材料单耗。

第二，直接人工费用项目分析。单位产品成本中直接人工费用和企业的工资形式是相联系的。工资形式可分为计时工资和计件工资两种。实行计件工资制，单位产品的直接工资费用是相对固定的；实行计时工资制，某一时期的工资费用是固定的，但单位产品的直接工资费用是不固定的，取决于企业的劳动生产率。劳动生产率越高，单位时间内生产的产品越多，每一产品分摊的工资费用就越少；反之，则越多。据此，可以将影响直接工资费用的主要因素归结为单位产品的工时消耗和小时平均工资，单位产品工时消耗说明生产单位产品所需的工时数，它取决于劳动生产率水平的高低；小时平均工资反映每一工时所支付的工资费用，它取决于平均工资水平的高低。用公式表示为：

单位产品直接工资费用=单位产品工时消耗×小时平均工资

由于小时平均工资一般只会上涨，不会下降，因此要降低单位产品直接工资费用，关键在于提高劳动生产率，降低单位产品工时消耗。

第三，制造费用项目分析。制造费用是企业内部各个生产单位（如工厂、车间）为组织和管理生产所发生的各项间接费用，如机物料消耗、水电费、折旧费和修理费等。企业发生的制造费用，应按照适当的分配方法，分摊计入每一产品的生产成本。对单位产品制造费用的分析，可从以下两个步骤进行。

其一，制造费用总量分析。分析企业当年实际发生的制造费用总额及其内部各项目费用额与上年实际数、本年计划数相比所发生的增减变动及其原因，发现制造费用管理中存在的问题，寻找进一步控制和降低费用的潜力和途径，为进一步控制和降低制造费用服务。

在制造费用项目中，有些为变动费用，如机物料消耗和低值易耗品摊销等，随着产量的增减而发生相应的增减。对于这部分费用，应当和产品产量的增减相联系进行分析，看其是否和产品产量的变动保持一定的比例关系，有无异常的变动情况，如产量下降而变动费用上升、变动费用增长速度远远快于产品产量增长速度等，从中发现存在的问题。有些费用，如工资、福利费、折旧费和办公费等属于固定费用，一般不随产品产量增减而发生相应的增减。对于这部分费用，应当将其和上年实际、本年计划等进行对比，观察其增减变动，在此基础上进一步分析增减变动的原因，采用相应的对策，以进一步控制和降低制造费用。

其二，单位产品制造费用分析。在对制造费用总量分析的基础上，进一步分析单位产品制造费用的增减变动情况。单位产品制造费用的增减，一是取决于制造费用总量的增减变动；二是取决于制造费用的分配方法。制造费用的分配可以采用不同的方法，如按生产工时比例、生产工人人数和生产工人工资等。在制造费用总额既定条件下，采用不同的分配方法，各产品分配到的制造费用额是不同的。即使各产品分配到相同的制造费用，由于产品产量的不同也会使单位产品的制造费用发生增减变动。

总之，企业应当根据本企业的生产经营特点和管理要求，确定适合本企业的成本核算对象、成本项目和成本计算方法。成本核算对象、成本项目以及成本计算方法一经确定，不得随意变更，如需变更，应当根据管理权限，以股东大会或董事会，或经理（厂长）会议或类似机构批准，并在会计报表附注中予以说明。此外，还应分析成本计算方法对主营业务成本的影响及影响程度。在会计上，计算主营业务成本有多种方法可供选择，如先进先出法、加权平均法和个别计价法等，不同的计价方法对主营业务成本的影响是不同的。

5. 期间费用分析

期间费用是企业当期发生的费用中的重要组成部分，是指本期发生的、不能直接或间接归入某种产品成本的、直接计入损益的各项费用。它容易确定其发生的期间，而难以判别其所应归属的产品，因而在发生的当期便从当期的损益中扣除。期间费用包括销售费用、财务费用和管理费用。对企业来说，期间费用直接影响到当期利润的大小。在其他条件既定时，期间费用越大，则利润越少；期间费用越小，则利润越多。因此，对企业的管理者来说，控制和减少期间费用是提高企业经济效益的最直接、最有效的途径。对期间费用的分析，可从以下几个方面进行。

（1）期间费用计划执行情况的分析。期间费用计划执行情况的分析，就是将本期实际与计划指标进行对比，了解费用的动态发展趋势，找出差距，肯定成绩。分析时可从费用额的变动情况、费用率的升降情况两方面进行。

第一，费用额变动情况分析。费用额是费用支出的绝对金额，它是决定其他考核指标的基础。通过对费用额的变动情况分析，可以检查费用计划的执行情况，考核费用开支的规模和变动趋势以及费用定额和开支标准的遵守情况，为进一步查明费用开支的节约或浪费提供资料。其计算公式为：

费用变动额=费用实际发生数-费用计划发生数

第二，费用率的升降情况。费用率是指在一定时期内，费用额占主营业务收入的百分比，它表明每百元主营业务收入花费了多少费用。其计算公式为：

费用率=费用额/主营业务收入×100%

费用率的高低，在一定程度上能够衡量出费用开支的经济效益。费用率越低，说明节约成绩越大，经济效益越高，费用管理水平越好；反之，费用管理情况则越差。

（2）期间费用变动情况分析。期间费用变动情况的分析，就是将不同时期的费用指标排列起来，进行比较，并通过费用升降变化来了解费用的变化趋势。分析时，可以根据几年来的费用数字资料进行对比，分析各年度费用变动的情况，查看费用变化的趋势。

（3）期间费用项目的分析。

第一，销售费用的分析。从销售费用的基本构成及功能来看，有的与企业的业务活动规模有关（如运输费、装卸费、整理费、包装费、保险费、销售佣金、差旅费、展览费、委托代销手续费和检验费等），有的与企业从事销售活动人员的待遇有关（如营销人员的工资和福利费等），也有的与企业的未来发展、开拓市场和扩大企业品牌知名度等有关。从企业管理层对上述各项费用的有效控制来看，尽管管理层可以对诸如广告费、营销人员的工资和福利费等可以采取控制或降低其规模等措施，但是，这种控制或降低，或者对企业的长期发展不利，或者影响有关人员的积极性。因此，在报表分析时应将企业销售费用的增减变动和销售量的变动结合起来，分析这种变动的合理性、有效性。一般认为，在企业业务发展的条件下，企业的销售费用不应当降低。片面追求在一定时期的费用降低，有可能对企业的长期发展不利。

不过，有一个评判标准是可以借鉴的，即销售费用的增减变动与营业收入的增减变动，长期来看应该是方向相同、速度相近。当营业收入的增速超过了销售费用的增速时，销售费用显现出了其必要性和一定的规模效应。

第二，管理费用分析。与销售费用一样，尽管管理层可以对管理费用中诸如业务招待费、技术开发费、董事会会费、职工教育经费、涉外费、租赁费、咨询费、审计费、诉讼费、修理费、管理人员工资和福利费等可以采取控制或降低其规模等措施，但是这种控制或降低，或者对公司的长期发展不利，或者影响有关人员的积极性。此外，折旧费和摊销费等是企业以前各个会计期间已经支出的费用，不存在控制其支出规模的问题。对这类费用的处理更多地受企业会计政策的影响。因此，一般认为，在企业业务发展的条件下，企业的管理费用变动也不会太大，单一追求在一定时期的费用降低，有可能对企业的长期发展不利。

对于管理费用的分析，我们应结合企业的总资产规模和销售水平来进行。销售的增长会使相应的应收账款和存货规模扩大，资产规模的扩大会增加企业的管理要求，如设备的增加和人员扩充等，从而增加管理费用。

第三，财务费用分析。财务费用是企业为筹集生产经营所需资金等而发生的费用，包括：利息支出（减利息收入）、汇兑损失（减汇兑收益）以及相关的手续费等。其中，经营期间发生的利息支出构成了企业财务费用的主体。企业贷款利息水平的高低，主要取决于三个因素：贷款规模、贷款利息率和贷款期限。

其一，贷款规模。概括地说，如果因贷款规模的原因导致计入利润表的财务费用下降，则企业会因此而改善盈利能力。但是，我们还应该看到，企业可能因贷款规模的降低而限制了其发展。

其二，贷款利息率。从企业融资的角度来看，贷款利息率的具体水平主要取决于以下几个因素：一定时期资本市场的供求关系、贷款规模、贷款的担保条件以及贷款企业的信誉等。在利率的选择上，可以采用固定利率、变动利率或浮动利率等。可见，在贷款利率中，既有企业不可控制的因素，也有其可以选择的因素。在不考虑贷款规模和贷款期限的条件下，企业的利息费用将随着利率水平而波动。

其三，贷款期限。从总体上说，贷款期限对企业财务费用的影响主要体现在利率因素上。应该说，企业的利率水平主要受一定时期资本市场的利率水平的影响。我们不应对企业因贷款利率的宏观下调而导致的财务费用降低给予过高的评价。

总之，财务费用由企业筹资活动而发生，因此在进行财务费用分析时，应当将财务费用的增减变动和企业的筹资活动联系起来，分析财务费用的增减变动的合理性和有效性，发现其中存在的问题，查明原因，采取对策，以期控制和降低费用，提高企业利润水平。

下面我们以中国海诚（002116）为例，来看其成本结构（见表33-1和表33-2）。

表33-1　　　　　　　　主营业务分行行业情况

分行业或分产品	营业收入比上年同期增减（%）	营业成本比上年同期增减（%）	毛利率比上年同期增减（%）
工程总承包	25.60	26.01	−0.30
咨询服务	−3.04	−1.91	−1.52

表33-2　　　　　　　　主营业务分产品情况

总承包业务	25.60%	26.01%	−0.30%
设计业务	−9.18%	−7.77%	−1.22%
监理业务	19.75%	20.40%	−0.44%
咨询业务	16.06%	23.13%	−3.15%

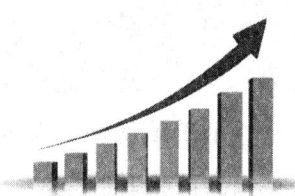

第34招　利润项目分析

在利润表上有三个利润项目，即营业利润、利润总额和净利润，这三个利润项目具有不同的意义。

1. 营业利润

按现行制度规定，营业利润是企业营业收入减去营业成本、营业税金及附加、销售费用、管理费用、财务费用、资产减值损失，加上公允价值变动收益、投资收益后的余额。

企业营业利润的多少，代表了企业的总体经营管理水平和效果。通常，营业利润越大的企业，效益越好。下面进行具体分析。

（1）营业利润额较大。当企业营业利润额较大时，通常认为该企业经营管理水平和效果好。但在分析中，应注意以下问题：

第一，营业利润包括了其他业务利润，所以在企业多元化经营，即多种经营业务开展得较好时，其他业务利润会弥补主营业务利润低的缺陷；如果企业其他业务利润长期高于主营业务利润，企业应适当考虑产业结构调整问题。

第二，应注意其他业务利润的用途，是用来发展主营业务，还是用于非生产经营性消费（如购买小汽车和高档装修等），如果是前者，企业的盈利能力会越来越强；如果是后者，企业缺乏长远盈利能力。

（2）营业利润额较小。当企业营业利润较小时，应着重分析主营业务利润的大小、多种经营的发展情况和期间费用的多少。如果企业主营业务利润和其他业务利润均较大，但其期间费用较高，也会使营业利润较小，这就要重点分析销售费用、管理费用和财务费用。分析三项费用的构成，找出三项费用居高的原因，严格控制和管理，通过降低费用，提高营业利润。

2. 利润总额和净利润

企业的利润总额是由营业利润加上投资收益、补贴收入和营业外收支净额等非营业利润组成。净利润的数额等于利润总额减去所得税后的余额。

在正常情况下，企业的非营业利润都是较少的，所得税也是相对稳定的，因此，只要营业利润较大，利润总额和净利润也会较高，在分析时应注意以下问题：

第一，当一个企业利润总额和净利润主要是由非营业利润获得的，则该企业利润实现的真实性和持续性应引起报表分析人员的重视。

第二，如果企业在营业利润方面是亏损的，而靠投资收益盈利，企业应肯定以前的投资决策是正确的，但要分析内部经营管理存在的问题，以提高企业内部生产经营活动的创新能力。

下面我们以中国海诚（002116）为例，来看其营业利润和毛利率构成（见表34-1）。

表34-1   营业利润和毛利率构成分析

项目名称	营业收入（万元）	营业利润（万元）	毛利率（%）	占主营业务收入比例（%）
咨询业务（产品）	8 740.76	3 758.96	43.00	4.83
华北（地区）	31 577.02	—	—	17.43
设计业务（产品）	53 600.95	11 044.75	20.61	29.59
工程总承包（行业）	107 110.90	7 546.96	7.05	59.13
中南（地区）	40 096.93	—	—	22.14
西北（地区）	3 751.46	—	—	2.07
西南（地区）	17 618.63	—	—	9.73
承包业务（产品）	107 110.90	7 546.96	7.05	59.13
咨询服务（行业）	72 592.33	16 693.44	23.00	40.07
境外（地区）	25 681.75	—	—	14.18
华东（地区）	60 467.62	—	—	33.38
监理业务（产品）	10 250.62	1 889.73	18.44	5.66
东北（地区）	509.83	—	—	0.28

第35招　盈利能力指标分析

一个企业为了继续生存和发展，应该取得一定的利润，判断企业能获取多大利润的能力，这就是盈利能力的分析，企业的盈利能力分析主要通过以下指标分析来进行。

1. 收入盈利能力分析

反映收入盈利能力的指标主要包括：销售毛利率、主营业务利润率、营业利润率、销售利润率和销售净利率等。

（1）销售毛利率。销售毛利率是指销售毛利额占销售净收入的比率，其中毛利是销售收入与销售成本的差额。其计算公式为：

销售毛利率=（主营业务收入–主营业务成本）/主营业务收入×100%

销售毛利率表示每一元销售收入扣除销售成本后，有多少钱可以用于各项期间费用和形成盈利。销售毛利率是企业销售净利率的最初基础，没有足够大的毛利率便不能盈利。

销售毛利率指标有明显的行业特点。一般说来，营业周期短、固定费用低的行业毛利率水平比较低，如商业零售行业；而营业周期长、固定费用高的行业则要求有较高的毛利率，以弥补巨大的固定成本，如工业企业。因此，在分析企业的毛利率时，必须与企业的目标毛利率、同行业平均水平及先进水平企业的毛利率加以比较，以正确评价本企业的盈利能力，并分析差距及其产生的原因，寻找提高盈利能力的途径。

（2）主营业务利润率。主营业务利润率是企业的主营业务利润与主营业务收入的比率，它反映企业每百元主营业务收入扣除主营业务成本和主营业务税金及附加等后，有多少钱可以用于补偿三大期间费用和形成盈利。其计算公式为：

主营业务利润率=主营业务利润/主营业务收入×100%

其中，主营业务利润=主营业务收入-主营业务成本-主营业务税金及附加

该指标越大，反映主营业务获利的能力越强。

主营业务率是计算利润总额的基础，反映企业基本获利能力，一个企业没有足够大的主营业务利润便不能盈利。

（3）营业利润率。营业利润率是企业的营业利润与主营业务收入的比率，反映企业每百元主营业务收入所实现的营业利润额，说明企业在增加收入、提高效益方面的管理绩效。其计算公式为：

营业利润率=营业利润/主营业务收入×100%

营业利润=主营业务收入-主营业务成本-主营业务税金及附加+其他业务利润-销售费用-管理费用-财务费用

营业利润率反映企业主营业务收入扣除成本费用后的盈利能力，该比率对企业盈利能力的考察更趋全面。原因在于：期间费用中大部分是维持企业一定时期生产经营能力所必须发生的费用，只有将这部分费用从企业的当期收入中扣除后，所剩余的部分才能构成企业稳定可靠的盈利能力。该比率越高，表明企业盈利能力越强；反之，则说明企业的盈利能力越弱。

如果将连续几年的营业利润率加以分析，就能了解企业营业利润率变动的趋势，从而对公司的盈利能力的变动趋势作出评价。当然在具体评价一个企业的营业利润率高低时，应将该企业的营业利润率和其他企业水平或同行业平均水平进行对比，这样才能有一个正确的评价。

（4）销售利润率。销售利润率是指企业一定期间内利润总额同主营业务收入的比率，它表明每百元的主营业务收入能带来的利润。其计算公式为：

销售利润率=利润总额/主营业务收入×100%

该指标越高，说明企业销售获利能力越强，企业经营的效益越好，对投资者和债权人越有利。在采取该指标考核企业盈利能力时，不能简单地将不同企业的销售利润率指标的高低作为评价标准，而应结合企业的特点，以前年度的指标以及行业平均指标等，从而对企业生产经营效率作出比较公正的评价。

在利润中，不仅包括公司的营业业务，还包括投资收益、补贴收入和营业外收支等的影响，包含了公司除所得税以外所有的收支因素，比营业利润率更

好地揭示出企业在一定时期总的获利水平。但是由于在利润总额中包含了不稳定和不持久的非营业收支因素，销售利润率难以揭示获利的持久性和稳定性。

（5）销售净利率。销售净利率是指企业净利与主营业务收入的百分比，它反映每百元主营业务收入中所赚取的净利润的数额。其计算公式为：

销售净利率=净利润/主营业务收入×100%

该指标表示企业主营业务收入的收益水平。从销售净利率的公式中可以看出，企业的净利润与销售净利率成正比关系，而主营业务收入额与销售净利率成反比关系。企业在增加销售收入额的同时，必须相应地获得更多的净利润，才能使销售净利率保持不变或有所提高。通过分析销售净利率的升降变动，可以促使企业在扩大销售的同时，注意改进经营管理，提高盈利水平。

2. 成本费用盈利能力分析

反映成本费用盈利能力的指标主要包括：成本费用利润率和成本利润率。

（1）成本费用利润率。成本费用利润率是企业的净利润与成本费用总额的比率，它反映企业成本费用与净利润之间的关系，从总耗费的角度考核获利情况的指标。其计算公式为：

成本费用利润率=净利润/成本费用总额×100%

成本费用总额=主营业务成本+主营业务税金及附加+销售费用+管理费用+财务费用

该指标越大越好。因为成本费用利润率越大，则意味着同样的成本费用能取得更多的利润，或者说取得同样的利润只要花费更少的成本费用，表明企业的盈利能力越强。

成本费用利润率指标是所得与所费的直接比较，它能直接反映企业增收节支、增产节约的效益。通过分析该指标可以促使企业努力降低成本费用水平，增强盈利能力。

（2）成本利润率。企业为了选择经营品种，有时需要测量每一品种的经营效益，因而在企业的管理工作中，还有使用成本利润率指标测算盈利能力的做法。

成本利润率是企业净利润与主营业务成本的比率。其计算公式为：

成本利润率=净利润/主营业务成本

3. 资产盈利能力

反映资产盈利能力的指标主要包括：资产净利率和净资产收益率。

（1）资产净利率。资产净利率是企业净利润与平均资产总额的比率，它反映了企业资产利用的综合效果。其计算公式为：

资产净利润=净利润/平均资产总额×100%

平均资产总额=（期初资产总额+期末资产总额）/2

该指标越高，表明资产利用的效益越好，利用资产创造的利润越多，整个企业盈利能力越强，经营管理水平越高。企业经营管理水平高，通常表现为资产运用得当，费用控制严格，利润水平高；否则，则是经营管理水平低下的表现。通过资产净利率的分析，能够考察各部门、各生产环节、经营环节的工作效率和质量，有利于分清内部各有关部门的责任，从而调动各方面生产经营和提高经济效益的积极性。

资产净利率是一个综合指标，企业的资产是由投资人投入或举债形成的，净利的多少与企业资产的多少、资产的结构、经营管理水平有着密切的关系。如果仅仅测算企业某一年的资产净利率，往往很难对该企业的盈利能力作出全面评价。因此，应用该指标与本企业前期、与计划、与本行业平均水平和本行业内先进企业进行对比则可进一步提高分析质量。

影响资产净利率高低的因素主要有：产品的价格、单位成本的高低、产品的产量和销售的数量和资金占用量的大小等。

（2）净资产收益率。净资产收益率是企业净利润与平均净资产的比率，它反映所有者权益所获报酬的水平。其计算公式为：

净资产收益率=净利润/平均净资产×100%

平均净资产=（年初净资产+年末净资产）/2

净资产=所有者权益=资产总额−负债总额=实收资本+资本公积+盈余公积+未分配利润

净资产收益率是从所有者权益角度考核其盈利能力，其比值越高越好。

净资产收益率是否令人满意，要看同行业的平均状况、经济景气状况、投资者承受的风险程度和预期的收益率等因素。

4. 资本盈利能力指标分析

资本金利润率是企业净利润与平均资本金的比率，它是用于衡量投资者投入企业资本金的盈利能力。其计算公式为：

资本金利润率=净利润/平均资本金×100%

平均资本金=（期初实收资本+期末实收资本）/2

资本金利润率指标是站在所有者立场来衡量企业盈利能力的，它直接反映了所有者投资的效益好坏，是所有者考核其投入企业的资本保值增值程度的基本方式。该指标越大，说明投资人投入资本的获利能力越强，对投资者越具吸引力；反之，则收益水平不高，获利能力不强。

在对券商类上市公司进行分析时尤其要注意其投资收益和其他业务（佣金）收入能力，下面我们以东北证券（000686）为例，来看其投资收益和其他业务（佣金）收入构成（见表35-1和表35-2）。

表35-1　　　　　投资收益构成分析　　单位：元

项　　目	2008年度	2007年度
交易性金融资产投资及可供出售金融资产投资	98 660 867.35	525 433 467.51
长期股权投资	50 357 162.02	136 986 676.43
其他*	1 513 422.77	−2 065 737.24
合　　计	150 531 452.14	660 354 406.70

表35-2　　　　　其他业务收入构成分析　　单位：元

项　　目	2008年度	2007年度
经纪业务查询费、开户费、转托管费等收入	7 954 474.96	12 482 333.64
投资银行业务保荐费、财务顾问费、分销费、辅导费等收入	5 940 000.00	16 515 622.00
出租席位佣金收入出租席位佣金收入	36 484 295.64	33 324 916.78
典当手续费	6 812 000.00	4 401 072.80
房租收入	9 290 274.88	6 585 929.00
其他收入	2 543 321.45	13 085 143.09
合　　计	69 024 366.93	86 395 017.31

第36招　增长能力分析

反映增长能力的指标主要有：销售增长率、主营业务利润增长率、营业利润增长率和净利润增长率等。

1. 销售增长率

销售增长率是指企业报告期的主营业务收入增加额与基期主营业务收入额的比率，它反映了企业在销售方面的成长能力。其计算公式为：

销售增长率=报告期主营业务收入增长额/基期主营业务收入总额×100%

=（报告期主营业务收入-基期主营业务收入）/基期主营业务收入总额×100%

该指标越高，说明企业产品销售增长得越快，销售情况越好，企业盈利增长趋势也就越好，企业生存和发展的能力提高也就越快；反之，该指标越低，则说明企业产品销售增长得越慢，销售情况越差，企业盈利的增长后劲不足，企业的盈利趋势不容乐观。这是总的主营业务收入增长所反映出来的情况。

从个别产品或劳务的销售增长率指标上，还可以观察企业产品或经营结构情况，进而也可以观察企业的成长性。产品寿命周期理论认为，任何一种产品的寿命周期阶段均可以划分为四个阶段。即：第一阶段为试销期，产品开发成功投入正常生产，该阶段上销售规模较小，且增长还不太快；第二阶段为成长期，产品市场空间被打开，大规模的放量生产和销售，该阶段上产品销售较快扩展和增长；第三阶段为成熟期，销售较为稳定，增长不会太快；第四阶段为衰退期，产品销售开始萎缩。根据这个原理，借助产品销售增长率指标，大致可以看出企业生产经营的产品所处的寿命周期阶段，据此也可以判断企业的成长性。

要全面、正确地分析和判断一个企业销售收入的增长趋势和增长水平，必须将一个企业不同时期的销售增长率加以比较和分析。原因在于，销售增长率仅仅指某个年度的销售情况而言，某个年度的销售增长率可能会受到一些偶然的和非正常的因素影响，而无法反映出企业实际的销售增长能力。

2. 主营业务利润增长率

主营业务利润增长率是指企业报告期的主营业务利润增加额与基期主营业务利润额的比率。其计算公式为：

主营业务利润增长率=（报告期主营业务利润-基期主营业务利润）/基期主营业务利润×100%

主营业务利润增长率越大，说明企业主营业务利润增长得越快，表明企业主营业务突出，业务扩张能力强；主营业务利润增长率越小，说明企业主营业务增长得越慢，表明企业主营业务发展停滞，业务扩张能力弱。

分析主营业务利润增长率，应结合企业销售增长率来分析。如果企业的主营业务利润增长率高于企业的销售增长率，则说明企业的产品正处于成长期，主营业务不断拓展，企业的盈利能力不断增强；反之，如果企业的主营业务利润增长率低于销售增长率，则说明企业主营业务成本、主营业务税金及附加等成本上升超过了主营业务收入的增长，说明企业的主营业务盈利能力并不强，企业发展潜力值得怀疑。

3. 营业利润增长率

营业利润增长率是指企业报告期的营业利润变动额与基期营业利润额的比率。其计算公式为：

营业利润增长率=（报告期营业利润-基期营业利润）/基期营业利润×100%

该指标越高，说明企业的生产规模扩张迅速，生产销售增长的可能性越大；当该指标处于一种停滞的发展状态时，企业的销售规模往往会受到生产能力的限制，而难以保证盈利能力的增长速度。

4. 净利润增长率

净利润增长率是指企业报告期的净利润变动额与基期净利润额的比率。其计算公式为：

净利润增长率=（报告期净利润总额-基期净利润总额）/基期净利润总额×100%

该指标越大，说明企业收益增长得越多，表明企业经营业绩突出，市场竞争能力越强；该指标越小，说明企业收益增长得越少，表明企业经营业绩不佳，市场竞争能力越弱。

分析企业净利润的增长率，还需结合企业的销售增长率一起来分析。如果企业的净利润增长率高于销售增长率，表明企业产品获利能力在不断提高，企业正处于高速成长阶段，具有良好的增长能力；如果企业的净利润增长率低于销售增长率特别是营业利润增长率，反映企业的成本费用的上升超过了销售的增长，反映出企业的增长能力并不好。

全面分析企业的净利润增长率，仅仅计算和分析企业某一年度的净利润增长率是不够的，它无法反映出企业净利润增长的真实趋势。正确分析企业净利润增长趋势的方法是将企业连续多年的净利润增长率指标进行对比分析。如果企业的净利润增长率连续3年增长，说明企业的净利润增长能力比较稳定，具有良好的增长趋势；如果企业的净利润增长率连续3年大幅度下降，或者2年无增长，则说明企业的盈利能力不稳定，不具备良好的增长势头。

上述增长率指标从不同的侧面考察了企业的增长能力。在实际运用时，应该把这四种指标相互联系起来，才能正确评价企业的增长能力。一般来说，如果一个企业的销售增长率、主营业务利润增长率、营业利润增长率、净利润增长率能够持续保持同步增长，且不低于行业平均水平，则基本可以认为这个企业具有良好的增长能力。

下面我们以中国海诚（002116）为例，来分析其业务增长能力（见表36-1）。

表36-1　　　　　　　　　　　业务增长能力分析

财务指标（单位）	2009-09-30	2008-12-31	2007-12-31	2006-12-31
主营收入增长率（%）	28.04	32.71	70.80	30.21
营业利润增长率（%）	2.26	24.83	50.36	-3.63
税后利润增长率（%）	3.89	23.44	44.56	3.12
净资产增长率（%）	7.37	9.55	122.15	3.66
总资产增长率（%）	3.07	15.30	121.55	22.79

第37招　上市公司盈利能力分析

反映上市公司盈利能力的指标主要有：每股收益、市盈率、每股股利、股票获利率、股利支付率、股利保障倍数、留存盈利比率、每股净资产和市净率等。

1. 每股收益

每股收益是指本年净收益与年末普通股份总数的比值，它反映了普通股的获利水平。其计算公式为：

每股收益=净利润/年末普通股份总数

每股收益是评价上市公司盈利能力最基本和核心的指标，该指标具有引导投资、增加市场评价功能、简化财务指标体系的作用。具体说来,有以下几方面：

（1）每股收益指标具有联结资产负债表和利润表的功能。作为两张财报之间的"桥梁"，每股收益这一指标能反映两张报表的综合数值，即每股收益是企业多种因素综合作用所形成结果的表现形式。这就使企业的财务评价通过分析这一指标而变得简单易行。

（2）每股收益指标反映企业的盈利能力，决定了股东的收益水平。每股收益值越高，企业的盈利能力就越强，股东的投资效益就越好，每一股份所得的利润也越多；反之，则越差。

（3）每股收益还是确定企业股票价格的主要参考指标。在其他因素不变的情况下，每股收益越高，该种股票的市价上升空间则越大；反之，企业股票的市价也就越低。

在计算每股收益时要注意的问题如下：

第一，合并报表问题：编制合并报表的公司，应以合并报表数据计算该指标。

第二，优先股问题：如果公司发行了不可转换优先股，则计算时要扣除优先股数及其分享的股利，以使每股收益反映普通股的收益状况。

每股收益=（净利润-优先股股利）/年度末股份总数-年度末优先股数

第三，年度中普通股增减问题：按照证监会的规定，公式中的分子是"本年度"的净利润，分母是"年末"的普通股股份总数。该公式主要适用于本年普通股数未发生变化的情况。由于计算各种财务比率时要求分子和分母口径对称，本年净利润是整个年度内实存资本创造的，在普通股发生增减变化时该公式的分母应使用按月计算的"加权平均发行在外普通股股数"。

平均发行在外的普通股股数=∑（发行在外普通股股数×发行在外月份数）/12

第四，复杂股权结构问题：有的公司具有复杂的股权结构，除普通股和不可转换的优先股以外，还有可转换优先股、可转换债券、购股权证等。可转换债券的持有者，可以通过转换使自己成为普通股股东，从而造成公司普通股总数增加；购股权证持有者，可以按预定价格购买普通股，也会使公司的普通股增加。普通股增加会使每股收益变小，称为"稀释"。计算这种转换和认购对每股收益的影响是比较复杂的，我国绝大多数上市公司属于简单股权结构，所以，证监会目前未对复杂结构下每股收益计算的具体方法作出规定。按照证监会目前的规定，发行普通股以外的其他种类股票（如优先股等）的公司，应按国际惯例计算该指标，并说明计算方法和参照依据。

每股收益是衡量上市公司盈利能力最重要的财务指标。它反映普通股获利的水平。在分析时，可以进行公司间的比较，以评价该公司相对的盈利能力；可以进行不同时期的比较，了解该公司盈利能力的变化趋势；可以进行经营实绩和盈利预测的比较，掌握该公司的管理能力。

使用每股收益分析盈利性要注意的问题：①每股收益不反映股票所含有的风险。例如，假设A公司原来经营日用品的产销，最近转向房地产投资，公司的经营风险增大了许多，但每股收益可能不变或提高，并没有反映风险增加的不利变化。②股票是一个"份额"概念，不同股票的每一股在经济上不等量，它们所含有的净资产和市价不同即换取每股收益的投入量不相同，限制了每股收益的公司间比较。③每股收益多，不一定意味着多分红，还要看公司股利分配政策。

为了克服每股收益指标的局限性，可以延伸分析市盈率、每股股利、股利支付率、股利保障率和留存盈利比率等财务比率。

2. 市盈率

市盈率是指普通股的每股市价与每股收益之间的比率，它反映了投资人对每元净利润所愿支付的价格，可以用来估计股票的投资报酬和风险。其计算公式为：

市盈率=每股市价/每股收益

一般来说，该指标越低，表明该股票的投资价值风险越小，取得同样的盈利额所需投资额越小，相对来说投资价值也越大。但也不能一概而论，有时市盈率越低，表明该公司前景欠佳，投资者都对其没有太大的信心，不愿意承担较大的风险，因而股票价格居低不上；市盈率高，表明投资者普遍持乐观态度，对公司前景充满了信心，愿意为其承担较大的风险，以期获取较多的未来收益。但也不能绝对化，特别是当股票市场本身不健全、交易失常或有操纵市场的情况下，股票市场价格可能与它的每股收益严重脱节，在这种情况下，如果盲目根据市盈率判断公司前景十分美好而购进股票，那就要冒很大的风险，那么一旦假象消失，市场恢复正常，就可能遭受严重损失。

使用市盈率指标时应注意以下问题：该指标不能用于不同行业公司的比较，充满扩展机会的新兴行业市盈率普遍较高，而成熟工业的市盈率普遍较低，这并不说明后者的股票没有投资价值。在每股收益很小或亏损时，市价不会降至零，很高的市盈率往往不说明任何问题。因为市盈率高低受净利润的影响，而净利润受可选择的会计政策的影响，从而使得公司间比较受到限制；同时市盈率高低还受市价的影响，且市价变动的影响因素很多，包括投机炒作等，因此，观察市盈率的长期趋势有着十分重要的意义。

企业界通常是在市盈率较低时，以收购股票的方式实现对其他公司的兼并，然后进行改造，待到市盈率升高时，再以出售股票的方式卖出公司，从中获利。由于一般的期望报酬率为5%～10%，所以正常的市盈率为10～20倍。通常，投资者要结合其他有关信息，才能运用市盈率指标判断股票的价值。

3. 每股股利

每股股利是指股利总额与期末普通股股份总数之间的比率，它反映的是每一普通股所能获得的实际股息，同时也反映出企业普通股的获利能力和投资价值。其计算公式为：

每股股利=股利总额/年末普通股股份总数

公式中的股利总额是指用于分配普通股现金股利的总额。

对于股票投资者，特别是短期投资者来说每股股利总是越高越好，因为每股股利越高，投资者实际取得的收益也会增加。对于长期投资者来说，在具体评价一个公司的每股股利时，还应结合每股收益和利润留存率等指标进行综合分析。如果每股收益、利润留存率低，而每股股利较高，则说明公司将大部分利润用于发放股利，则对公司的长远发展不利；如果每股收益、利润留存率较高，而每股股利也较高，则说明公司当年经营状况好，获利能力较大，发展前景看好。

4. 股票获利率

股票获利率是指每股股利与股票市价的比率，亦称市价股利比率。其计算公式为：

股票获利率=普通股每股股利/普通股每股市价

股票获利率反映股利和股价的比例关系。股票持有人取得收益的来源有两个：一是取得股利；二是取得股价上涨的收益。只有股票持有人认为股价将上升，才会接受较低的股票获利率。如果预期股价不能上升，股票获利率就成了衡量股票投资价值的主要依据。

使用该指标的限制因素，在于公司采用非常稳健的股利政策，留存大量的净利润用于扩充。在这种情况下，股票获利率仅仅是股票投资价值非常保守的估计，分析股价的未来趋势成为评价股票的投资价值的主要依据。

股票获利率主要应用于非上市公司的少数股权。在这种情况下，股东难以出售其股票，也没有能力影响股利分配政策。他们持有股票的主要动机在于获得稳定的股利收益。

5. 股利支付率

股利支付率是指普通股每股分派的股利与每股收益之间的比率，它反映公司的股利分配政策和支付股利的能力。其计算公式为：

股利支付率=每股股利/每股收益×100%

这一比率主要用于衡量公司当期每股盈利中有多大的比例或者企业的税后可供分配利润中有多大的比例以股利形式支付给普通股股东，说明企业实行的股利政策。

由于各行业、各企业的实际情况不同，对股利支付率也没有一个特定标准作出判断。一般来说，对于发展中的企业，为了保证扩大经营的资金需要，一般应采用高积累政策，将较好的利润用于自我积累，因而其股利支付率通常比较低；相反，在企业较为稳定发展阶段，其收入稳定，举债容易，因而股利支付率也通常较高。

从股票投资者的角度来看，有些股东热衷于股票增值并通过买卖股票获利，愿意将更多的利润用于企业的再投资，以期未来获得更高的股息收入，而有些股东则愿意当期多得股利，减少风险，常以股利支付率的高低作为投资决策的主要因素。不同的投资者，应当根据其投资的目的和期限的不同，对企业的股利支付率进行评价，为自己的投资决策提供依据。

6. 股利保障倍数

股利支付率的倒数，称为股利保障倍数，倍数越大，支付股利的能力越强。其计算公式为：

股利保障倍数=普通股每股收益/普通股每股股利

股利保障倍数是一种安全性指标，可以看出净利润减少到什么程度公司仍能按目前水平支付股利。

7. 留存盈利比率

留存盈利是指净利润减去全部股利的余额。留存盈利与净利润的比率，称为留存盈利比率。其计算公式为：

留存盈利比率=（净利润−全部股利）/净利润×100%

留存盈利比率的高低，反映企业的理财方针。如果企业认为有必要从内部积累资金，以便扩大经营规模，经董事会同意可以采用较高的留存盈利比率。

如果企业不需要资金或者可以用其他方式筹资，为满足股东取得现金股利的要求可降低留存盈利的比率。显然，提高留存盈利比率必然降低股利支付率。

8. 每股净资产

每股净资产是期末净资产与年度末普通股份总数的比值，也称为每股账面价值或每股权益。其计算公式为：

每股净资产=年度末股东权益/年度末普通股数

这里的"年度末股东权益"是指扣除优先股权益后的余额。

该指标反映发行在外的每股普通股所代表的净资产成本即账面权益。在投资分析时，只能有限地使用这个指标，因其是用历史成本计量的，既不反映净资产的变现价值，也不反映净资产的产出能力。例如，某公司的资产只有一块前几年购买的土地，并且没有负债，公司的净资产是土地的原始成本。现在土地的价格比过去翻了几番，引起股票价格上升，而其账面价值不变。这个账面价值，既不说明土地现在可以卖多少钱，也不说明公司使用该土地能获得什么。

每股净资产在理论上提供了股票的最低价值。如果公司的股票价格低于净资产的成本，成本又接近变现价值，说明公司已无存在价值，清算是股东最好的选择。正因为如此，新建公司不允许股票折价发行；国有企业改组为股份制企业时，一般以评估确认后的净资产折为国有股的股本；如果不全部折股，则折股方案与募股方案和预计发行价格一并考虑，折股比率（国有股股本／发行前国有净资产）不低于65%，股票发行溢价倍率（股票发行价／股票面值）应不低于折股倍数（发行前净资产／国有股股本）。

9. 市净率

把每股净资产和每股市价联系起来，可以说明市场对公司资产质量的评价。反映每股市价和每股净资产关系的比率，称为市净率。其计算公式为：

市净率=每股市价/每股净资产

市净率可用于投资分析。每股净资产是股票的账面价值，它是用成本计量的。每股市价是这些资产的现在价值，它是证券市场上交易的结果。投资者认为，市价高于账面价值时企业资产的质量好，有发展潜力；反之，则资产质量差，没有发展前景。优质股票的市价都超出每股净资产许多，一般说来市净率达到3可以树立较好的公司形象。市价低于每股净资产的股票，就像售价低于成本的商品一样，属于"处理品"。当然，"处理品"也不是没有购买价值，问题在于该公司今后是否有转机，或者购入后经过资产重组能否提高获利能力。

下面我们以中国海诚（002116）为例，来分析其盈利能力指标（见表37-1）。

表37-1 盈利能力指标分析

主要指标	2009-09-30	2009-06-30	2009-03-31	2008-12-31	2008-09-30
每股收益（元）	0.3810	0.2600	0.1200	0.4970	0.3670
每股净资产（元）	3.8400	3.7300	3.8900	3.7900	3.5800
净资产收益率（%）	9.9200	6.9700	3.1400	13.1000	10.2500

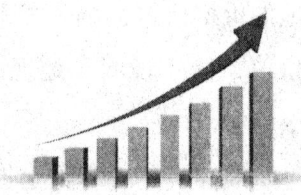

现金流量表分析

第38招　分析现金流量表的内容

现金流量表是以现金为基础编制的，用于反映企业在一定会计期间现金和现金等价物（以下简称现金）流入和流出情况的会计报表。

学习现金流量表，首先要理解现金的概念。现金流量表的现金是个广义的概念，它不仅包括库存现金，还包括可以随时用于支付的存款以及现金等价物。现金具体包括以下四个方面内容。

1. 库存现金

库存现金是指企业持有可随时用于支付的现金，即与会计核算中"库存现金"账户所包括的内容一致。

2. 银行存款

银行存款是指企业存在银行或其他金融机构，随时可以用于支付的存款，即与会计核算中"银行存款"账户所包括的内容基本一致，区别在于：如果存在银行或其他金融机构的款项中不能随时用于支付的存款，如不能随时支取的定期存款，不应作为现金流量表中的现金，但提前通知银行或其他金融机构便可支取的定期存款，则包括在现金流量表中的现金概念中。

3. 其他货币资金

其他货币资金是指企业存在银行有特定用途的资金，如外埠存款、银行汇票存款、银行本票存款、信用卡存款、信用证保证金和存出投资款等。

4. 现金等价物

现金等价物是指企业持有的期限短、流动性强、易于转换为已知金额的现金、价值变动风险很小的投资。例如，某企业于2004年12月1日购入2000年1月1日发行的期限为3年的国债，购买时还有1个月到期，则这项短期投资应视为现金等价物。

下面我们以中国海诚（002116）为例，来分析其2008年年末货币资金构成（见表38-1）。

表38-1　　　　　　　　　　　　货币资金构成表

项 目	年末数			年初数		
	原币金额	折算汇率	折合人民币金额	原币金额	折算汇率	折合人民币金额
现金——人民币	1 253 884.96	1.00	1 253 884.96			954 305.69
——第纳尔	873 538.73	0.10	86 100.24	902 524.86	0.11	98 518.16
——美元	6 381.60	6.83	43 615.71	7 703.55	7.30	56 271.35
——欧元	3 553.62	9.66	34 324.40			
——加元				5 000.00	7.44	37 209.50
现金小计			1 417 925.31			1 146 304.70
银行存款——人民币	390 795 857.06	1.00	390 795 857.06			466 272 722.46
——美元	89 070.09	6.83	608 758.44	244 785.04	7.30	1 788 056.80
——第纳尔	71 520 046.58	0.10	7 049 365.89	20 143 917.22	0.11	2 198 877.55
——欧元	64 715.68	9.66	625 088.75			
银行存款小计			399 079 070.14			470 259 656.81
其他货币资金——人民币	56 636 495.20		56 636 495.20			29 032 497.94
其他货币资金小计			56 636 495.20			29 032 497.94
合计			457 133 490.65			500 438 459.45

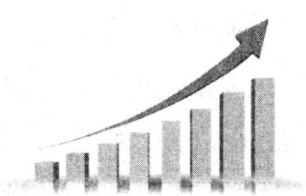

第39招 分析现金流量表的作用

作为反映企业在一定期间内现金的流入和流出情况的会计报表，编制现金流量表具有以下几个方面的主要作用。

1. 能够说明企业一定期间内现金流入和流出的原因

现金流量表将现金流量划分为经营活动、投资活动和筹资活动所产生的现金流量，并按照流入现金和流出现金项目分别反映。例如，企业当期从银行借入800万元，偿还银行利息6万元，在现金流量表的筹资活动产生的现金流量中分别反映借款800万元，支付利息6万元。因此，通过现金流量表能够反映企业现金流入和流出的原因，即现金从哪里来，又流到哪里去。

2. 能够说明企业的偿债能力和支付股利的能力

投资者投入资金、债权人提供短期或长期使用的资金，其目的主要是为了有利可图。盈利是企业获得现金净流量的根本源泉，而获得足够的现金则是企业创造优良经营业绩的有力支撑。企业获利的多少在一定程度上表明了企业具有一定的现金支付能力，但是，企业一定期间内获得的利润并不代表企业真正具有偿债或支付能力。在某些情况下，虽然企业利润表上反映的经营业绩比较乐观，但可能财务困难，不能偿还到期债务；还有些企业虽然利润表上反映的经营成果并不乐观，但却有足够的偿付能力。产生这些情况有诸多原因，其中会计核算采用权责发生制和配比原则所含的估计因素也是原因之一。现金流量表完全以现金的收支为基础，消除了由于会计核算采用的估计等所产生的获利能力和支付能力。通过现金流分析，能够了解企业现金流入的构成，分析企业偿债和支付股利能力，增强投资者的投资信心和债权人收回债权的信心。同时，通过现金分析使投资者和债权人了解企业获取现金的能力和现金偿付的能力，为筹资提供有用的信息，也使有限的社会资源流向最能产生效益的地方。

3. 能够分析企业未来获取现金的能力

由于商业信用的大量存在，营业收入与现金流入会有较大的差异，能否真正实现收益，还取决于企业的收现能力。分析企业的现金流量状况，有助于了解企业的收现能力，从而评价企业的资金运用的绩效。现金流量表从总体上反映出企业一定期间内的现金流入和流出的全部状况，说明企业现金从哪里来，又运用到哪里去。现金流量表中的经营活动产生的现金流量，代表企业经营活动创造现金流量的能力，便于分析一定期间内产生的净利润与经营活动产生现金流量的差异；投资活动产生的现金流量，代表企业运用资金产生现金流量的能力；筹资活动产生的现金流量，代表企业筹资获得现金流量的能力。通过现金流量表及其他财务信息，可以分析企业未来获取或支付现金流量的能力。例如，企业通过银行借款筹得资金，从本期现金流量表中反映为现金流入，却意味着未来偿还借款时要流出现金。又如，本期应收未收的款项，在本期现金流量表中虽然没有反映为现金的流入，但意味着未来将会有现金流入。

4. 能够分析企业投资和理财活动对经营成果和财务状况的影响

资产负债表能够提供企业特定日期的财务状况，它所提供的是静态的财务信息，并不能反映财务状况变动的原因，也不能表明这些资产、负债给企业带来多少现金，又用去多少现金；利润表虽然反映企业一定期间的经营成果，提供动态的财务信息，但利润表只反映利润的构成，也不能反映经营活动、投资活动和筹资活动给企业带来多少现金，又支付多少现金，而且利润表不能反映投资和筹资活动的全部事项；现金流量表提供一定时期现金流入和流出的动态财务信息，表明企业在报告期内由经营活动、投资活动和筹资活动获得多少现金，企业获得的这些现金是如何运用的，能够说明资产、负债和净资产的变动原因，对资产负债表和利润表起到补充说明的作用，从这个意义上来说，现金流量表是连接资产负债表和利润表的桥梁。

第40招　影响现金流量的因素

由于每一项经营活动最终对企业的影响均可以反映到会计等式上，因而可通过会计等式的变化分析影响现金流量的因素。其计算公式为：

资产=负债+所有者权益

现金=负债+所有者权益-非现金资产

（1）现金项目之间的增减变动，不影响现金总额的变化。如现金存入银行、购买即将到期的债券等。

（2）非现金项目之间的增减变化，也不影响现金数额的变化。如借入长期借款购入固定资产、所有者以非现金资产投资等。

（3）现金项目与非现金项目之间的增减变化，影响现金流量。如用现金购买材料、以现金对外投资等。

由此可以得出这样的结论：只有涉及企业现金与非现金项目的业务，才会影响现金流量的增加和减少，导致现金流入和流出。因此，反映现金流入和流出的现金流量表主要反映的也就是这第三类业务。只要将第三类业务中导致的现金流入、现金流出按其性质分为经营活动、投资活动和筹资活动，就可系统地反映企业在一定时期内现金流入和现金流出的数量和原因。

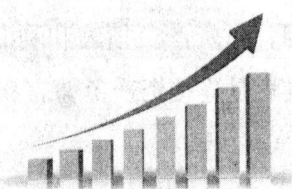

第41招　现金流量的分类和计算方法

1. 现金流量的分类

现金流量是指某一期间内企业现金流入和流出的数量，可以分为三类，即经营活动产生的现金流量、投资活动产生的现金流量和筹资活动产生的现金流量。

（1）经营活动产生的现金流量。经营活动是指企业投资活动和筹资活动以外的所有交易或事项，包括销售商品或提供劳务、购买商品或接受劳务、收到返还的税费、经营性租赁、支付工资、支付广告费用和交纳各项税款等。经营活动产生的现金流量是企业通过运用所拥有的资产自身创造的现金流量，主要是与企业净利润有关的现金流量。但企业一定期间内实现的利润并不一定都构成经营活动产生的现金流量，如处置固定资产的净收益或净损失虽然构成净利润的一部分，但它不属于经营活动产生的现金流量，也不是实际发生的现金流入或流出量。

通过分析现金流量表中反映的经营活动产生的现金流入和流出，可以说明企业经营活动对现金流入和流出净额的影响程度，判断企业在不动用对外筹资的情况下，是否足以维持生产经营、偿还债务、支付股利和对外投资等。

各类企业由于所处行业特点不同，他们在对经营活动的认定上存在一定差异。在编制现金流量表时，应根据企业的实际情况，对现金流量进行合理的归类。

（2）投资活动产生的现金流量。投资活动是指企业长期资产的购建以及不包括在现金等价物范围内的投资的购建和处置活动。现金流量表中的"投资"既包括对外投资，又包括长期资产的购建与处置。投资活动包括取得或收回投资、购建和处置固定资产、无形资产和其他长期资产等。投资活动产生的现金流量中不包括作为现金等价物的投资，作为现金等价物的投资属于现金自身的增减变动，如购买还有1个月到期的债券等，属于现金内部各项目的转换，不会影响现金流量净额的变动。通过现金流量表中反映的投资活动产生的现金流量，可以分析企业通过投资获取现金流量的能力，以及投资产生的现金流量对企业现金流量净额的影响程度。

（3）筹资活动产生的现金流量。筹资活动是指导致企业资本及债务规模和构成发生变化的活动。筹资活动包括发行股票或接受投入资本、分派现金股利、取得和偿还公司债券等。通过现金流量表中筹资活动产生的现金流量，可以分析企业筹资的能力，以及筹资产生的现金流量对企业现金流量净额的影响程度。

企业在进行现金流量分类时，对于现金流量表中未特别指明的现金流量，应按照现金流量表的分类方法和重要性原则，判断某项交易或事项所产生的现金流量应当归属的类别或项目，对于重要的现金流入或流出项目应当单独反映。对于一些特殊的、不经常发生的项目，如自然灾害损失和保险赔款等，应根据其性质，分别归并到经营活动、投资活动或筹资活动项目中。

2. 现金流量的计算方法

分析现金流量时，计算经营活动现金流量的方法有两种：一种是直接法；另一种是间接法。这两种方法通常也称为编制现金流量表的方法。所以，现金流量表的具体格式又有两种：直接法下的现金流量表格式和间接法下的现金流量表格式。我国《企业会计准则第31号——现金流量表》规定采用直接法编制，但同时要求在附注中披露用间接法来计算经营活动的现金流量，所以两者必须同时使用。现将这两种方法简单介绍如下。

（1）直接法。所谓直接法，是指通过现金收入和支出的主要类别反映来自企业经营活动的现金流量，其特点是根据经营活动现金流量的各个组成项目，分别列示有关现金来源和运用，各项目现金流量之和即为经营活动的现金流量净额。在实务中，直接法一般是以利润表中的营业收入为起算点，调整与经营活动有关的项目的增减变动，从而计算出经营活动的现金流量。例如，某企业本期发生销售成本20万元，其中15万元已通过银行付清，5万元暂欠，当期实现销售收入40万元，其中38万元款项已收存银行，2万元赊销，计提折旧10万元。假设企业无其他业务活动。

根据这些资料可以判断，该企业当期实现的利润总额为10万元（40-20-10），但企业实际可动用的资金并不是10万元，而是当期经营活动实现的现金流量净额，用直接法推算，则可知道该企业经营活动收入现金38万元，付出现金15万元，经过对比，其经营活动现金流量为23万元（38-15）。本例中，企业可运用的资金为23万元，而利润只有10万元，金额相差较大。因此，在确定企业经营活动现金流量时，可以直接找出企业经营活动的现金收入和现金支出的金额，两者对比的差额即为经营活动现金流量的净额，而这种方法，即为直接法。

（2）间接法。所谓间接法，是指以本期净利润为起算点，调整不涉及现金的收入、费用、营业外收支以及应收应付项目等的增减变动，从而计算出经营活动的现金流量。

在会计核算中，各种收入和费用的确认是按权责发生制认定的，即以"应收"、"应付"作为收入、费用归属期认定的基本标准。这样的话，就会有一些项目会影响到当期利润，但不引起企业实际发生现金流入和流出，比如前例中，企业实现的销售收入40万元当中有2万元是通过赊销取得的。这笔应收款项按权责发生制也应列入本期收入，从而增加该企业的当期利润，但由于这2万元并没有实际收到，也就不会引起企业实际发生这笔现金流入。

间接法的原理就是通过这些项目的调整，把企业的净利润调节为经营活动现金流量。

对企业而言，常见的调整项目具体包括计提的资产减值准备、固定资产折旧、无形资产摊销和长期待摊费用摊销、待摊费用摊销、处置固定资产、无形资产及其他长期资产的损益、固定资产报废损失、财务费用、投资损益、递延税款、存货和经营性应收应付项目等。

根据前例，使用间接法推算其经营活动现金流量，则应该为净利润10万元加上不用付现的折旧10万元和暂欠的销售成本5万元，减去增加利润但未收到现金的销售收入2万元，结果也是23万元的经营活动现金流量净额，与直接法数据完全一致。

相对于间接法来看，直接法显示了经营活动现金流量的各项流入和流出内容，更能体现现金流量表的目的，有助于预测企业未来的经营活动现金流量，更能揭示企业从经营活动中产生的现金来偿付债务的能力，进行再投资的能力和支付利润的能力，而间接法也有助于分析影响现金流量的原因和企业净利润的质量。因而，我国的现金流量表要求企业在报表主体部分使用直接法，并在附注中按间接法将净利润调节为经营活动现金流量。

下面我们以中国海诚（002116）为例，来分析其2008年收到与经营活动相关的大额现金项目构成（见表41-1）。

表41-1　　　　　收到与经营活动相关的大额现金项目构成表　　单位：元

项　　目	本年数	上年数
保证金	26 142 247.30	14 646 723.35
其他往来	10 882 526.80	7 214 221.23
利息收入	8 505 710.66	6 033 427.57
收到的其他款项	1 043 875.21	
补贴款	700 000.00	136 059.61
个人往来		1 413 359.20
违约金收入		84 060.00
合　　计	47 274 359.97	29 443 787.96

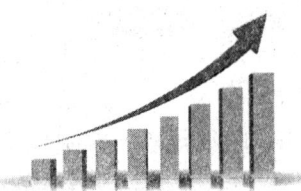

第42招　现金流量表的内容和结构

我国企业的现金流量表包括正表和补充资料两部分。

1. 现金流量表正表

正表是现金流量表的主体，企业一定会计期间现金流量的信息主要由正表提供。正表采用报告式的结构，按照现金流量的性质，依次分类反映经营活动产生的现金流量、投资活动产生的现金流量和筹资活动产生的现金流量，最后汇总反映企业现金及现金等价物净增加额。在有外币现金流量及境外子公司的现金流量折算为人民币的企业，正表中还应单设"汇率变动对现金的影响"项目，以反映企业外币现金流量及境外子公司的现金流量折算为人民币时，所采用的现金流量发生日的汇率或平均汇率折算的人民币金额与"现金及现金等价物增加额"中外币现金净增加额按期末汇率折算的人民币金额之间的差额。

2. 现金流量表补充资料

总的来说，现金流量表的补充资料包括以下三部分内容：①将净利润调节为经营活动的现金流量（即按间接法编制的经营活动现金流量）。②不涉及现金收支的投资和筹资活动。③现金及现金等价物净增加情况。

下面我们以中国海诚（002116）为例，来看其2008年现金流量表补充资料项目（见表42-1）。

表42-1　　　　　　　　　　现金流量表补充资料　　　　　　　单位：元

项　　目	本年数	上年数
1.将净利润调节为经营活动现金流量：		
净利润	65 658 033.08	53 479 780.41
加：资产减值准备	1 345 016.03	6 793 382.78
固定资产折旧、油气资产折耗、生产性生物资产折旧	15 080 619.69	12 336 631.95
无形资产摊销	6 219 256.19	5 594 986.91
长期待摊费用摊销	1 409 662.19	42 116.09
处置固定资产、无形资产和其他长期资产的损失（收益以"-"号填列）	253 097.01	6 636.48
固定资产报废损失（收益以"-"号填列）	46 760.84	166 776.77
公允价值变动损失（收益以"-"号填列）		
财务费用（收益以"-"号填列）	1 504 941.78	12 606.90
投资损失（收益以"-"号填列）	-965 367.48	-732 809.36
递延所得税资产减少（增加以"-"号填列）	-876 680.43	-559 322.54
递延所得税负债增加（减少以"-"号填列）		
存货的减少（增加以"-"号填列）	-155 703 559.96	-37 917 252.65
经营性应收项目的减少（增加以"-"号填列）	-69 008 797.61	-232 562 393.16
经营性应付项目的增加（减少以"-"号填列）	112 189 886.45	326 352 354.54
其他		
经营活动产生的现金流量净额	-22 847 132.24	133 013 495.12
2.不涉及现金收支的重大投资和筹资活动：		
债务转为资本		
一年内到期的可转换公司债券		
融资租入固定资产		
3.现金及现金等价物净变动情况：		
现金的期末余额	409 810 877.40	500 438 459.45
减：现金的期初余额	500 438 459.45	253 903 480.61
加：现金等价物的期末余额		
减：现金等价物的期初余额		
现金及现金等价物净增加额	-90 627 582.05	246 534 978.84

第43招　现金流量表的格式

现金流量表格式分别一般企业、商业银行、保险公司和证券公司等企业类型予以规定。

企业应当根据其经营活动的性质，确定本企业适用的现金流量表格式。

政策性银行、信托投资公司、租赁公司、财务公司和典当公司等应当执行商业银行现金流量表格式规定，如有特别需要，可以结合本企业的实际情况，进行必要调整和补充。

担保公司应当执行保险公司现金流量表格式规定，如有特别需要，可以结合本企业的实际情况，进行必要调整和补充。

资产管理公司、基金公司和期货公司等应当执行证券公司现金流量表格式规定，如有特别需要，可以结合本企业的实际情况，进行必要调整和补充。

一般企业现金流量表格式如表43-1所示。

表43-1　　　　　　　　　　　　现金流量表

编制单位：　　　　　　　　　　　年　　月　　　　　　单位：元

项　目	本期金额	上期金额
一、经营活动产生的现金流量：		
销售商品、提供劳务收到的现金		
收到的税费返还		
收到其他与经营活动有关的现金		
经营活动现金流入小计		
购买商品、接受劳务支付的现金		
支付给职工以及为职工支付的现金		
支付的各项税费		
支付其他与经营活动有关的现金		
经营活动现金流出小计		
经营活动产生的现金流量净额		

（续表）

项　目	本期金额	上期金额
二、投资活动产生的现金流量：		
收回投资收到的现金		
取得投资收益收到的现金		
处置固定资产、无形资产和其他长期资产收回的现金净额		
处置子公司及其他营业单位收到的现金净额		
收到其他与投资活动有关的现金		
投资活动现金流入小计		
购建固定资产、无形资产和其他长期资产支付的现金		
投资支付的现金		
取得子公司及其他营业单位支付的现金净额		
支付其他与投资活动有关的现金		
投资活动现金流出小计		
投资活动产生的现金流量净额		
三、筹资活动产生的现金流量：		
吸收投资收到的现金		
取得借款收到的现金		
收到其他与筹资活动有关的现金		
筹资活动现金流入小计		
偿还债务支付的现金		
分配股利、利润或偿付利息支付的现金		
支付其他与筹资活动有关的现金		
筹资活动现金流出小计		
筹资活动产生的现金流量净额		
四、汇率变动对现金及现金等价物的影响		
五、现金及现金等价物净增加额		
加：期初现金及现金等价物余额		
六、期末现金及现金等价物余额		

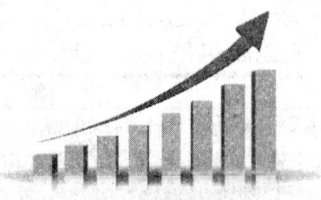

第44招　现金流量表项目的内容及分析

1. 经营活动产生的现金流量

（1）经营活动流入现金项目。

第一，销售商品、提供劳务收到的现金，反映企业主营业务和其他业务的现金收入。一般包括：收回当期的销售货款和劳务收入款，收回前期的销售货款和劳务收入款，以及转让应收票据所取得的现金收入等。发生销售退回而支付的现金应从销售商品或提供劳务收入款中扣除。企业销售材料和代购代销业务收到的现金，也在本项目反映。通常可以采用以下公式：

销售商品、提供劳务收到的现金＝当期销售商品、提供劳务收到的现金＋当期收到前期的应收账款和应收票据＋当期预收的账款－当期销售退回而支付的现金＋当期收回前期核销的坏账损失

第二，收到的税费返还，反映企业收到返还的各种税费如所得税、消费税、营业税、返还的增值税、关税和教育费附加返还款等。

第三，收到的其他与经营活动有关的现金，补贴收入、捐赠收入、与经营活动有关的罚款收入等特殊项目，如果金额相对不大，可以包括在该项目中；如果金额相对较大，则应当单列项目反映。

（2）经营活动流出现金项目。

第一，购买商品、接受劳务支付的现金，反映企业主营业务、其他业务的现金流出。一般包括：当期购买材料、商品、接受劳务支付的现金（包括增值税进项税额），当期支付的前期购买商品的应付款，以及购买商品而预付的现金，扣除本期发生的购货退回而收到的现金等。通常可采用以下公式：

购买商品、接受劳务支付的现金＝当期购买商品、接受劳务支付的现金＋当期

支付前期的应付账款和应付票据+当期预付的账款-当期因购货退回收到的现金。

第二，支付给职工以及为职工支付的现金，反映企业以现金方式支付给职工的工资和为职工支付的其他现金。支付给职工的工资包括工资、奖金以及各种补贴等；为职工支付的其他现金，如企业为职工交纳的养老金和失业等社会保险基金、企业为职工交纳的商业保险金等。支付给从事工程项目职工的工资、奖金等，应当列入投资活动。

第三，支付的各种税费，反映企业按国家有关规定于当期实际支付的增值税、所得税等各种税款。包括当期发生并实际支出的税金和当期支付以前各期发生的税金以及预付的税金。

第四，支付的其他与经营活动有关的现金，反映生产成本、制造费用、销售费用、管理费用中，除外购商品、外购劳务、工资等支出以外的有关支出，如保险费、差旅费和办公费等。

2. 投资活动产生的现金流量

（1）投资活动流入现金项目。

第一，收回投资所收到的现金，反映企业收回的投资本金以及与投资本金一起收回的投资收益。债券投资本金与利息易于分清，所以债券投资利息应当列入"取得债券利息收入所收到的现金"项目。

第二，取得投资收益所收到的现金，反映企业因对外投资而分得的股利、利息或利润。

第三，处置固定资产、无形资产和其他长期资产所收到的现金净额，反映企业出售固定资产、无形资产和其他长期资产所取得的现金扣除为出售这些资产而支付的有关费用后的净额。处置固定资产、无形资产和其他长期资产而收到的现金，与处置活动支付的现金，两者在时间上比较接近，且由于金额不大，可以净额反映。

第四，收到的其他与投资活动有关的现金，反映企业除了上述各项目以外，所收到的其他与投资活动有关的现金流入。比如，企业收回购买股票和债券时支付的已宣告但尚未领取的现金股利或已到付息期但尚未领取的债券利息。若其他与投资活动有关的现金流入金额较大，应单列项目反映。

（2）投资活动流出现金项目。

第一，购建固定资产、无形资产和其他长期资产所支付的现金，反映企业为购建固定资产、购买无形资产而支付的款项，包括：购买机器设备所支付的现金及增值税款、建造工程支付的现金、支付在建工程人员的工资等现金支出；企业购入或自创取得各种无形资产的实际现金支出。不包括为建造固定资产而发生的借款利息资本化的部分，以及融资租入固定资产支付的租赁费，企业支付的借款利息和融资租入固定资产支付的租赁费，在筹资活动产生的现金流量中反映。

第二，投资所支付的现金，反映企业购买股票等权益性投资和债权性投资所支付的现金。包括企业取得的除现金等价物以外的短期股票投资、短期债券投资、长期股权投资、长期债权投资支付的现金，以及支付的佣金和手续费等附加费用。

第三，支付的其他与投资活动有关的现金，反映企业除上述各项以外所支付的其他与投资活动有关的现金流出，如企业购买股票时实际支付的价款中包含的已宣告而尚未领取的现金股利，购买债券时支付的价款中包含的已到付息期尚未领取的债券利息等。若某项其他与投资活动有关的现金流出金额较大，应单列项目反映。

3. 筹资活动产生的现金流量

（1）筹资活动流入现金项目。

第一，吸收投资所收到的现金，反映企业通过发行股票、债券等方式筹集资本所收到的现金。股份有限公司公开募集股份，委托证券公司公开发行股票，由证券公司直接支付的手续费、宣传费、咨询费和印刷费等费用，从发行股票现金收入中扣除，以净额列示。

第二，借款所收到的现金，反映企业举借各种短期、长期借款所收到的现金。

第三，收到的其他与筹资活动有关的现金，反映企业除上述各项目外所收到的其他与筹资活动相关的现金流入，如接受现金捐赠等。

（2）筹资活动流出现金项目。

第一，偿还债务所支付的现金，反映企业偿还债务所支付的现金，包括归还金融企业借款、偿付企业到期的债券等。

第二，分配股利、利润或偿付利息所支付的现金，反映企业当期实际支付的现金股利、支付给投资单位的利润以及支付的借款利息、债券利息等。

第三，支付的其他与筹资活动有关的现金，反映企业除上述各项目外所支付的其他与筹资活动有关的现金流出，如捐赠现金支出和融资租入固定资产支付的租赁费等。

4. 汇率变动对现金的影响额

企业在生产经营过程中，会涉及各种各样的对外业务，所以，必然会使用到外汇的收付。

（1）记账货币的选择。我国《企业会计准则》规定，企业在会计核算时，必须选择一种基本货币单位，作为记账本位币，一般的企业都应该以人民币作为记账本位币，而业务收支以外币为主的企业，也可以选定某种外币作为记账本位币，但在编制会计报表时应当折算为人民币反映。境外企业向国内有关部门呈报的会计报表，也应当折算为人民币反映。所以，企业一旦发生了以记账本位币以外的货币进行的款项收付、往来结算等业务（即外币业务）时，就应选择一定的汇率，将外币原币金额折合成记账本位币金额记入到相关账户。

（2）汇兑损益的形成。目前，我国企业采用的外币业务核算的主要方法是月终余额调整法，该方法在发生外币业务时，应将有关外币金额折合成记账本位币金额，而折合汇率采用外币业务发生时的汇率（原则上为中间价），或者当月1日的汇率。当月份终了，企业应将外币债权和债务等各种外币账户的余额，按照月末汇率折合成记账本位币金额。按照月末汇率折合成的记账本位币余额与账面记账本位币金额之间的差额，作为企业兑换外汇时的收益或损失单独处理。

因此，企业只要发生外币业务，一般都可能会由于汇率变化而形成外汇兑换收益或损失，简称汇兑损益。

（3）汇率变动对现金的影响。同理，企业在编制现金流量表时，也应当将企业外币现金流量以及境外子公司的现金流量折算成记账本位币，而汇率变动对现金的影响，应作为调节项目，在现金流量表中单独列示，专门反映由于现金流量发生日使用汇率与编表日使用汇率不一致而形成的折算为的记账本位币的差额。

在实务中，确认汇率变动对现金的影响，也可不必像前面那样，对当期发生的外币业务进行逐笔计算，可在编制现金流量表时，通过报表附注中"现金及现金等价物净增加额"数额与报表中"经营活动产生的现金流量净额"、"投资活动产生的现金流量净额"、"筹资活动产生的现金流量净额"三项之和比较，其差额即为"汇率变动对现金的影响"。

5. 关于补充资料的说明

补充资料是"现金流量表"非常重要的部分，反映的内容也特别多，报表分析阅读者要全面了解现金流量表的有关信息的话，就必须仔细琢磨补充资料所披露的信息。

总的来说，补充资料主要是由两方面内容构成的。

（1）将净利润调节为经营活动现金流量。实际上就是前面所提到的以本期净利润为起算点，用间接法调整不涉及现金的收入、费用、营业外收支以及有关项目的增减变动，据此计算出经营活动的现金流量。利润表反映的当期净利润是按权责发生制原则确认和计量的，而经营活动的现金流量净额是按收付实现制确认和计量的；而且当期净利润既包括经营净损益，又包括不属于经营活动的损益。

因此，采用间接法将净利润调节为经营活动的现金流量净额时，主要需调整四大类项目：①实际没有支付现金的费用。②实际没有收到现金的收益。③不属于经营活动的损益。④经营性应收应付项目的增减变动。

（2）不涉及现金收支的重大投资和筹资活动。该项目反映企业一定会计期间影响资产、负债但不影响该期现金收支的所有投资和筹资活动的信息。这些投资和筹资活动是企业的重大理财活动，对以后各期的现金流量会产生重大影响，因此，应单列项目在补充资料中反映。

这里需要特别提醒股民朋友的是，如果偏好金融银行类股票，在人民币升值背景下尤其需要关注其持有的外汇汇兑损益情况，下面我们以深发展A（000001）为例，来分析其汇兑损益（见表44-1）。

（3）现金及现金等价物净变动情况。现金及现金等价物的变动指的是在资产负债表中相应金额的差额。企业应当在附注中披露如下信息：①现金及现金等价物的构成及其在资产负债表中的相应金额。②企业持有但不能由母公司或集团内其他子公司使用的大额现金和现金等价物金额。例如，国外经营的子公司受外汇管制而使得资金无法正常使用。

表44-1　　　　　　　　汇兑损益分析　　　　　　　单位：千元

项　　目	2008年度	2007年度
外汇衍生金融工具公允价值变动损益	128.809	24.530
其他汇兑损益	333.734	232.816
合　　计	462.543	257.346

第45招　经营活动产生的现金流量的质量分析

所谓现金流量的质量，是指企业的现金流量能够按照企业的预期目标进行运转的质量。具有较好质量的现金流量应当具有如下特征：第一，企业现金流量的状态体现了企业的发展战略的要求；第二，在稳定发展阶段，企业经营活动的现金流量应当与企业经营活动所对应的利润有一定的对应关系，并能为企业的扩张提供现金流量的支持。

1. 经营活动产生的现金流量小于零

这意味着企业通过正常的商品购、产、销所带来的现金流入量，不足以支付因上述经营活动而引起的货币流出。企业正常经营活动所需的现金支付，则通过以下几种方式解决：

（1）消耗企业现存的货币积累。

（2）挤占本来可以用于投资活动的现金，推迟投资活动的进行。

（3）在不能挤占本来可以用于投资活动的现金的条件下，进行额外贷款融资，以支持经营活动的现金需要。

（4）在没有贷款融资渠道的条件下，只能用拖延债务支付或加大经营活动引起的负债规模来解决。

从企业的成长过程来分析，在企业开始从事经营活动的初期，由于其生产阶段的各个环节都处于"磨合"状态，设备、人力资源的利用率相对较低，材料的消耗量相对较高，导致企业的成本消耗较高。同时，为了开拓市场，企业有可能投入较大资金，采用各种手段将自己的产品推向市场（包括采用渗透法定价、加大广告支出和放宽收账期等），从而有可能使企业在这一时期的经营活动现金流量表现为"入不敷出"的状态。

如果是由于上述原因导致的经营活动现金流量小于零，应该认为这是企业在发展过程中不可避免的正常状态。但是，如果企业在正常生产经营期间仍然出现这种状态，企业经营活动现金流量的质量不高。

2. 经营活动产生的现金流量等于零

这意味着企业通过正常的商品购、产、销所带来的现金流入量，恰恰能够支付因上述经营活动而引起的货币流出。

在企业经营活动产生的现金流量等于零时，企业的经营活动现金流量处于"收支平衡"的状态。企业正常经营活动不需要额外补充流动资金，企业的经营活动也不能为企业的投资活动以及融资活动贡献现金。

但是，必须注意的是，在企业的成本消耗中，有相当一部分属于按照权责发生制原则的要求而确认的摊销成本（如无形资产、长期待摊费用摊销，固定资产折旧等）和应计成本（下面把这两类成本统称为非现金消耗性成本）。显然，在经营活动产生的现金流量等于零时，企业经营活动产生的现金流量不可能为这部分非现金消耗性成本的资源消耗提供货币补偿。因此，从长期来看，经营活动产生的现金流量等于零的状态，根本不可能维持企业经营活动的货币"简单再生产"。

因此，如果企业在正常生产经营期间持续出现这种状态，企业经营活动现金流量的质量仍然不高。

3. 经营活动产生的现金流量大于零但不足以补偿当期的非现金消耗性成本

这意味着企业通过正常的商品购、产、销所带来的现金流入量，不但能够支付因经营活动而引起的货币流出，而且还有余力补偿一部分当期的非现金消耗性成本。

此时，企业虽然在现金流量的压力方面比前两种状态要小，但是，如果这种状态持续，则企业经营活动产生的现金流量从长期来看，也不可能维持企业经营活动的货币"简单再生产"。

因此，如果企业在正常生产经营期间持续出现这种状态，企业经营活动现金流量的质量仍然不能给予较高评价。

4. 经营活动产生的现金流量大于零并且能补偿当期的非现金消耗性成本

这意味着企业通过正常的商品购、产、销所带来的现金流入量，不但能够支付因经营活动而引起的货币流出，而且还有余力补偿全部当期的非现金消耗性成本。

在这种状态下，企业在经营活动方面的现金流量的压力已经解脱。如果这种状态持续，则企业经营活动产生的现金流量从长期来看，刚好能够维持企业经营活动的货币"简单再生产"。

但是，从总体上看，这种维持企业经营活动的货币"简单再生产"的状态，仍然不能为企业扩大投资等发展提供货币支持。企业的经营活动为企业扩大投资等发展提供货币支持，只能依赖于企业经营活动产生的现金流量的规模继续加大。

5. 经营活动产生的现金流量大于零并在补偿当期的非现金消耗性成本后仍有剩余

这意味着企业通过正常的商品购、产、销所带来的现金流入量，不但能够支付因经营活动而引起的货币流出、补偿全部当期的非现金消耗性成本，而且还有余力为企业的投资等活动提供现金流量的支持。

应该说，在这种状态下，企业经营活动产生的现金流量已经处于良好的运转状态。如果这种状态持续，则企业经营活动产生的现金流量将对企业经营活动的稳定与发展、企业投资规模的扩大起到重要的促进作用。

从上面的分析可以看出，企业经营活动产生的现金流量，仅仅大于零是不够的。企业经营活动产生的现金流量要想对企业作出较大贡献，必须在上述第五种状态下运行。

下面我们以中国海诚（002116）为例，来分析其2008年经营活动现金流量（见表45-1）。

可见，该公司2008年经营活动没有给公司带来多余的现金流，反而耗费了年初累计的6 050万元现金，比2007年现金流情况要紧张。

表45-1 　　　　　　**经营活动现金流量分析** 　　　　单位：元

项　　目	注释	本年金额	上年金额
一、经营活动产生的现金流量：			
销售商品、提供劳务收到的现金		611 795 276.14	627 021 334.44
收到的税费返还		485 346.40	
收到的其他与经营活动有关的现金		35 619 104.24	24 374 721.55
经营活动现金流入小计		647 899 726.78	651 396 055.99
购买商品、接受劳务支付的现金		558 373 786.73	392 979 714.57
支付给职工以及为职工支付的现金		109 814 831.63	101 207 982.78
支付的各项税费		27 754 088.49	21 153 012.82
支付的其他与经营活动有关的现金		12 458 010.30	15 605 981.33
经营活动现金流出小计		708 400 717.15	530 946 691.50
经营活动现金流出小计		–60 500 990.37	120 449 364.49

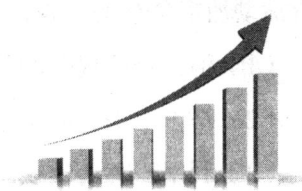

第46招　投资活动产生的现金流量的质量分析

1. 投资活动产生的现金流量小于零

这意味着企业在购建固定资产、无形资产和其他长期资产，权益性投资以及债权性投资等方面所支付的现金之和，大于企业因收回投资，分得股利或利润，取得债券利息收入，处置固定资产、无形资产和其他长期资产而收到的现金净额之和。企业上述投资活动的现金流量，处于"入不敷出"的状态。企业投资活动所需资金的"缺口"，可以通过以下几种方式解决：

（1）消耗企业现存的货币积累。

（2）挤占本来可以用于经营活动的现金，削减经营活动的现金消耗。

（3）利用经营活动积累的现金进行补充。

（4）在不能挤占本来可以用于经营活动的现金的条件下，进行额外贷款融资，以支持投资活动的现金需要。

（5）在没有贷款融资渠道的条件下，只能采用拖延债务支付或加大投资活动引起的负债规模来解决。

从投资活动的目的分析，企业的投资活动，主要有三个目的：

（1）为企业生产经营活动奠定基础，如购建固定资产、无形资产和其他长期资产等。

（2）为企业对外扩张和其他发展性目的进行权益性投资和债权性投资。

（3）利用企业暂时不用的闲置货币资金进行短期投资，以求获得较高的投资收益。

在上述三个目的中，前两种投资一般都应与企业的长期规划和短期计划相一致。第三种则在很多情况下，是企业的一种短期理财安排。因此，面对投资活动的现金流量小于零的企业，首先应当考虑的是：在企业的投资活动符合企业的长期规划和短期计划的条件下，这种现象表明了企业经营活动发展和企业扩张的内在需要，也反映了企业在扩张方面的努力与尝试。

2. 投资活动产生的现金流量大于等于零

这意味着企业在投资活动方面的现金流入量大于流出量。这种情况的发生，或者是由于企业在本会计期间的投资回收活动的规模大于投资支出的规模，或者是由于企业在经营活动与筹资活动方面急需资金而不得不处理手中的长期资产以求变现等。因此，必须对企业投资活动的现金流量原因进行具体分析。

必须指出的是，企业投资活动的现金流出量，有的需要由经营活动的现金流入量来补偿。例如，企业的固定资产、无形资产购建支出，将由未来使用有关固定资产和无形资产会计期间的经营活动的现金流量来补偿。因此，即使在一定时期企业投资活动产生的现金流量小于零，也不能对企业投资活动产生的现金流量的质量简单作出否定的评价。

下面我们以中国海诚（002116）为例，来分析其2008年投资活动现金流量（见表46-1）。

表46-1　　　　　　　　投资活动现金流量分析　　　　单位：元

项　　目	注释	本年金额	上年金额
二、投资活动产生的现金流量：			
收回投资收到的现金		12 030 000.00	
取得投资收益收到的现金		22 051 985.87	16 168 095.45
处置固定资产、无形资产和其他长期资产收回的现金净额			30 700.00
处置子公司及其他营业单位收到的现金净额			
收到其他与投资活动有关的现金			
投资活动现金流入小计		34 081 985.87	16 198 795.45
购建固定资产、无形资产和其他长期资产支付的现金		9 583 587.80	29 689 226.80
投资支付的现金		1 600 000.00	111 600 000.00

（续表）

项　　目	注释	本年金额	上年金额
取得子公司及其他营业单位支付的现金净额			
支付其他与投资活动有关的现金			
投资活动现金流出小计		11 183 587.80	141 298 226.80
投资活动产生的现金流量净额		22 898 398.07	–125 099 431.35

可见，该公司2008年投资活动给公司带来3 408万元现金流，比2007年投资活动现金流情况要理想得多，缓解了经营现金流的缺口。

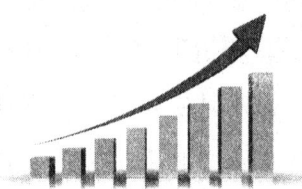

第47招　筹资活动产生的现金流量的质量分析

1. 筹资活动产生的现金流量大于零

这意味着企业在吸收权益性投资、发行债券以及借款等方面所收到的现金之和大于企业在偿还债务、支付筹资费用、分配股利或利润、偿付利息、融资租赁以及减少注册资本等方面所支付的现金之和。在企业处于发展的起步阶段、投资需要大量资金、企业经营活动的现金流量小于零的条件下，企业的现金流量的需求，主要通过筹资活动来解决。因此，分析企业筹资活动产生的现金流量大于零是否正常，关键要看企业的筹资活动是否已经纳入企业的发展规划，是企业管理层以扩大投资和经营活动为目标的主动行为还是企业因投资活动和经营活动的现金流出失控不得已而为之的被动行为。

2. 筹资活动产生的现金流量小于零

这意味着企业在吸收权益性投资、发行债券以及借款等方面所收到的现金之和小于企业在偿还债务、支付筹资费用、分配股利或利润、偿付利息、融资租赁以及减少注册资本等方面所支付的现金之和。这种情况的出现，或者是由于企业在本会计期间集中发生偿还债务、支付筹资费用、分配股利或利润、偿付利息、融资租赁等业务，或者是因为企业经营活动与投资活动在现金流量方面运转较好，有能力完成上述各项支付。但是，企业筹资活动产生的现金流量小于零，也可能是企业在投资和企业扩张方面没有更多的作为的一种表现。

综上所述，处于正常生产经营期间的企业，经营活动对企业现金流量的贡献应占较大比重，这是因为，处于正常生产经营期间的企业，其购、产、销等活动均应协调发展，良性循环。其购、产、销活动应为其引起现金流量的主要原因。

投资活动与筹资活动，属于企业的理财活动。在任何期间，企业均有可能因这些方面的活动而引起现金流量的变化。不过，处于开业初期的企业，其理财活动引起的现金流量变化较大，占企业现金流量变化的比重也较大。

此外，理财活动也意味着企业存在相应的财务风险。例如，企业对外发行债券，就必须承担定期支付利息、到期还本的责任。如果企业不能履行偿债责任，有关方面就会对企业采取法律措施。又如，企业购买股票，就可能存在着股票跌价损失的风险，等等。因此，企业的理财活动越大，财务风险也可能越大。

下面我们以中国海诚（002116）为例，来分析其2008年筹资活动现金流量（见表47-1）。

表47-1　　　　　　　　**筹资活动现金流量分析**　　　　单位：元

项　目	注释	本年金额	上年金额
三、筹资活动产生的现金流量			
吸收投资收到的现金			182 725 000.00
取得借款收到的现金			
收到其他与筹资活动有关的现金			
筹资活动现金流入小计			182 725 000.00
偿还债务支付的现金			
分配股利、利润或偿付利息支付的现金		23 940 000.00	18 239 999.41
支付的其他与筹资活动有关的现金			
筹资活动现金流出小计		23 940 000.00	18 239 999.41
筹资活动产生的现金流量净额		–23 940 000.00	164 485 000.59

可见，该公司2008年筹资活动给公司带来2 394万元现金流出，比2007年投资活动现金流情况要紧张得多，耗费了年初积累的现金。

第48招　现金流量表比率分析

企业真正能用于偿还债务的是现金流量。在现金流量信息中，经营活动的现金净流量的信息最值得关注。将经营活动的现金流量与其他报表项目的有关信息进行比较，可以分析评价企业偿还债务的能力、支付股利的能力和获取现金的能力等。常用的现金流量比率指标如下。

1. 流动性分析

所谓流动性，是指将资产迅速转变为现金的能力。根据资产负债表确定的流动比率虽然也能反映流动性但有很大的局限性。这主要是因为：作为流动资产主要成分的存货并不能很快转变为可偿债的现金；存货用成本计价不能反映变现净值。许多企业有大量的流动资产，但现金支付能力却很差，甚至无力偿债而破产清算。

现金流量和债务的比较可以更好地反映企业偿还债务的能力。

（1）现金到期债务比。现金到期债务比的计算公式为：

现金到期债务比=经营现金净流入/本期到期的债务

本期到期的债务是指本期到期的长期债务和本期应付票据。通常这两种债务是不能展期的，必须如数偿还。该比率越高，则偿债能力越好。由于长期债务和应付票据到期时，不一定有继起的长期债务和应付票据接续，必须靠经营活动现金净流入偿还，因此经营现金净流量与到期债务的偿还有内在联系。

（2）现金流动负债比。现金流动负债比的计算公式为：

现金流动负债比=经营现金净流入/流动负债

经营活动的现金净流量与流动负债的比率，可以反映流动负债所能得到的现金保障程度，或企业获得现金偿付短期债务的能力。这个比率越大，说明企业短期偿债能力越强。

经营活动现金净流量是全年的净流入，如果它具有代表性，明年也将陆续取得同样多的现金，可以用于偿还流动负债。流动负债是期末余额，这些债务将在1年内陆续到期。现金是陆续取得的，而负债也是陆续到期的，不断产生的现金用于不断出现的到期债务。那么，是不是经营现金净流入必须大于流动负债呢？不是的。新的流动负债也在不断提供新的资金，经营现金需要满足的只是周转所需的现金。通常认为，运作比较好的公司其现金流量比率应大于0.4。该指标数值越高，企业偿还短期债务的能力越强。

（3）现金债务总额比。现金债务总额比的计算公式为：

现金债务总额比=经营活动的现金净流入/债务总额

经营活动的现金净流量与全部债务（包括流动负债和长期负债）的比率，可以反映企业用每年的经营活动现金流量偿付所有债务的能力。这个比率越大，说明企业承担债务的能力越强。如果该比率低于银行贷款利率，情况就不妙了。

2. 获取现金能力分析

获取现金的能力可通过经营现金净流入和投入资源的比值来反映。投入资源可以是销售收入、总资产、净营运资金、净资产或普通股股数等。

（1）销售现金比率。销售现金比率的计算公式为：

销售现金比率=经营现金净流入/销售额

用它与同业的水平相比，可以评价公司获取现金能力的强弱；与历史的水平相比，可以评价获取现金能力的变化趋势。该比率越大越好。

（2）每股营业现金净流量。每股营业现金净流量的计算公式为：

每股营业现金净流量=经营现金净流入/流通在外的普通股股数

经营活动的现金净流量与流通在外的普通股股数的比率，可以反映出每股流通在外普通股的现金流量多少。这个比率越大，说明企业进行资本支出和支付股利的能力越强。而且该指标反映企业最大的分派股利能力，超过此限度，就要借款分红。

（3）全部资产现金回收率。全部资产现金回收率是指经营现金净流入与全部资产的比值，反映企业运用全部资产获取现金的能力。其计算公式为：

全部资产现金回收率=经营现金净流入/全部资产

该指标与同业水平相比，可以评价每元资产获取现金的能力；与本企业历史水平相比，可以看出获取现金能力的变化。

（4）现金获利能力。现金获利能力即经营活动现金净流量与净利润关系的现金流量比率。其计算公式为：

现金获利能力=经营活动的现金净流入/净利润

这一比率主要反映经营活动的现金净流量与当期净利润的差异程度，也即当期实现的净利润中有多少现金作保证。企业如果操纵账面利润，一般是没有相应的现金流量。通过这一指标，对于防止企业操纵利润而给报表使用者带来误导有一定的积极作用。如果发现有的企业账面利润很高，而经营活动的现金流量不充足，甚至出现负数，应格外谨慎地判断企业的经营成果。

3.财务弹性分析

所谓财务弹性，是指企业适应经济环境变化和利用投资机会的能力。这种能力来源于现金流量和支付现金需要的比较。现金流量超过需要，有剩余的现金，适应性就强。因此，财务弹性的衡量是用经营现金流量与支付要求进行比较。支付要求可以是投资需求或承诺支付等。

（1）现金满足投资比率。现金满足投资比率是指经营活动现金净流入与资本支出、存货购置及发放现金股利的比值，它反映经营活动现金满足主要现金需求程度。其计算公式为：

现金满足投资比率=近5年经营活动现金净流入/近5年资本支出、存货增加、现金股之和

如果现金满足投资率大于1，表明企业经营活动所形成的现金流量能够满足企业日常基本需要，不需要外部筹资；若该比率计算结果小于1，说明企业现金来源不能满足股利和经营增长的水平，不足的现金靠减少现金余额或外部筹资提供。某年的现金满足投资比率，不一定能说明问题，用5年或5年以上的总和计算，可以剔除周期性和随机性影响，得出更有意义的结论。如果一个企业的现金满足投资比率长期小于1，则其理财政策没有可持续性。

（2）现金股利保障倍数。现金股利保障倍数是指经营活动净现金流量与现金股利支付额之比，反映企业支付现金股利的能力。现金股利保障倍数越高，

说明企业的现金股利占获取经营现金的比重越小，企业支付现金越有保障。其计算公式为：

现金股利保障倍数=（经营活动现金净流入/现金股利额）×100%

用5年或者更长时间的总数计算该比率，可以剔除股利政策变化的影响。

下面我们以中国海诚（002116）为例，来分析其2008年有关现金比率（见表48-1）。

表48-1　　　　　　　　　现金比率分析

财务指标（单位）	2009-09-30	2008-12-31	2007-12-31	2006-12-31
经营活动现金净流量增长率（%）	-416.90	-117.18	23.06	86.42
销售商品收到现金与主营收入比（%）	86.23	106.49	106.92	103.00
经营活动现金流量与净利润比（%）	547.79	-40.35	289.96	340.60
现金净流量与净利润比（%）	486.72	-160.05	537.43	185.37

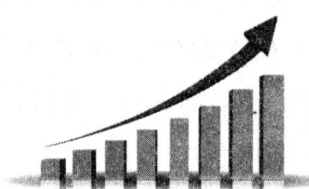

第49招　收益质量分析

收益质量是指报告收益与公司业绩之间的相关性。如果收益能如实反映公司的业绩，则认为收益的质量好；如果收益不能很好地反映公司业绩，则认为收益的质量不好。

决定收益质量的因素很多，大体上可以分为以下三个方面。

1. 会计政策的选择

管理当局在选择可接受的会计政策时，有一定的自由决定能力。赋予管理当局一定的自由决定能力，是任何国家的会计规范都存在的，只不过程度有区别。管理当局在选择会计政策时，可以采取稳健的态度，也可以采取乐观的态度。采取稳健的会计政策，通常认为比采取乐观的会计政策收益质量高。稳健主义减少了高估收益的可能性。例如，固定资产的加速折旧法，便是稳健主义的选择。从管理当局的会计政策选择中，可以看出他们的倾向和态度。

2. 会计政策的运用

在选定会计政策之后，如何运用该会计政策，管理当局仍然有一定的自由决定能力。例如，在选定提取资产减值准备的政策之后，对于提取多少数额，管理当局仍有自由决定权。管理当局在广告费、营销费、修理费和研发费等酌量性费用的发生时间上有一定的自由决定权。利用这种自由决定权，管理当局可以操纵报告利润的水平。这种操纵使报告收益与实际业绩的相关性减少，降低了收益的质量。

3. 收益与经营风险的关系

经营风险的高低，与环境有关，也与管理当局的管理战略有关。经营风险大，收益不稳定，会降低收益质量。影响经营风险的因素包括经营周期的长短、收益水平对外部环境变化的敏感程度、收益的稳定性、收益的可变性和收益来源的构成等。

收益质量分析涉及资产负债表、利润表和现金流量表的分析，是个非常复杂的问题。这里仅从现金流量表的角度评价收益质量。它主要包括两个方面：净收益营运指数分析和现金营运指数分析。

（1）净收益营运指数。净收益营运指数是指经营净收益与全部净收益的比值。其计算公式为：

净收益营运指数=经营净收益/净收益=（净收益－非经营收益）/净收益

经营活动净收益=净收益－非经营净收益

=净收益－非经营税前损益×（1－所得税税率）

通过净收益营运指数的历史比较和行业比较，可以评价一个公司的收益质量。例如，2001年12月申请破产的安然公司，从1997年开始净利润逐年大幅度上升，而经营利润逐年下降，非经营利润的比重逐年加大。这是净收益质量越来越差的明显标志。在2001年5月6日，波士顿一家证券分析公司曾建议投资者卖掉安然公司的股票，其主要理由之一就是其越来越低的营业利润率。该公司1996年的营业利润率是21.15%，到2000年已跌到6.22%，2001年第一季度只有1.59%。该公司的收益越来越依靠证券交易和资产处置。

为什么非经营收益越多，收益质量越差呢？与经营收益相比，非经营收益的可持续性低。非经营收益的来源主要是资产处置和证券交易。资产处置不是公司的主要业务，不反映公司的核心能力。许多公司正是利用"资产置换"达到操纵利润的目的。通过短期证券交易获利是靠运气。由于资本市场的有效性比商品市场高得多，通常只能取得与其风险相同的收益率，取得正的净现值只是偶然的，不能依靠短期证券交易增加股东财富。一般企业进行的短期证券买卖，只是现金管理的一部分，目的是减少持有现金的损失。企业长期对外投资的主要目的是控制子公司，通过控制权取得额外的好处，而不是直接获利。通过证券交易增加股东财富，主要靠运气。一个人的运气不会总是那么好，如同买彩票不会每次都中奖一样。如果公司靠证券交易获利，不如把钱还给股东，让他们自己直接进行交易，还可以节约一部分交易费用。因此，非经营收益虽然也是"收益"，但不能代表企业的收益"能力"。

（2）现金营运指数。现金营运指数是指经营现金净流量与经营现金毛流量的比率。其计算公式为：

现金营运指数=经营现金净流量／经营现金毛流量

其中，

经营现金毛流量=经营活动税后净收益+折旧与摊销

经营现金净流量=经营活动税后净收益+折旧与摊销–营运资本增加

这里的"经营现金净流量"与现金流量表中的"经营活动现金流量净额"有区别，后者在计算时包括了全部所得税支出，而不仅限于经营活动的所得税。

经营活动现金流量净额＝全部净利润–非经营税前利润+折旧与摊销–营运资本增加

$$=（经营税前利润+非经营税前利润）–（经营所得税+非经营所得税）–非经营税前利润+折旧与摊销–营运资本增加$$

$$=经营税前利润–经营所得税–非经营所得税+折旧与摊销–营运资本增加$$

$$=经营净利润–非经营所得税+折旧与摊销–营运资本增加$$

$$=经营现金净流量–非经营所得税$$

因此，经营现金净流量可以按下式计算：

经营现金净流量=经营活动现金流量净额+非经营所得税

如果营运指数小于1，说明营运资金增加了，反映企业为取得同样的收益占用了更多的营运资金，取得收益的代价增加了，代表着较差的营运业绩。

无论是净收益营运指数还是现金营运指数的分析，通常都需要使用连续若干年的数据，仅仅靠1年的数据未必能说明问题。

下面我们以中国海诚（002116）为例，来分析其2008年有关收益质量指标（见表49–1）。

表49–1　　　　　　　　　**收益质量指标分析**

财务指标（单位）	2009–09–30	2008–12–31	2007–12–31	2006–12–31
每股收益（元）	0.3810	0.4970	0.4200	0.3730
每股经营活动现金流量（元）	2.0895	–0.2004	1.1667	1.2716
每股现金流量（元）	1.8565	–0.7949	2.1625	0.6920

第50招　现金流量结构分析

现金流量的结构百分比分析是指将现金流量表中某一项目的数字作为基数（即为100%），再计算出该项目各个组成部分占总体的百分比，以分析各项目的具体构成，使各个组成部分的相对重要性明显地表现出来，从而揭示现金流量表中各个项目的相对地位和总体结构关系，用于分析现金流量的增减变动情况和发展趋势。

1. 现金收入结构分析（现金流入结构分析）

它分为总收入结构和三项活动收入（经营活动、投资活动、筹资活动）的内部结构分析。它是反映企业的各项业务活动的现金流入，如经营活动的现金流入、投资活动的现金流入、筹资活动的现金流入等在全部现金流入中的比重以及各项业务活动现金中具体项目的构成情况，明确企业的现金究竟来自何方，要增加现金流入主要依靠什么等。

2. 现金流出结构分析

它是指企业各项现金流出占企业当期全部现金流出的百分比，它具体地反映企业的现金用在哪些方面，从而可以知道要节约开支应从哪些方面入手。

3. 现金净流量结构分析

现金净流量结构是指经营活动、投资活动、筹资活动以及汇率变动影响的现金收支净额占全部现金净流量的百分比，它反映企业的现金净流量是如何形成与分布的，可以反映出收大于支或支大于收的有关原因。

下面我们以宜科科技（002036）为例，来分析其现金流量结构及变动（见表50-1）。

表50-1	现金流量结构及变动分析金额			单位：元
指　　标	2008年度	2007年度	同比增减额	同比增减幅度（%）
经营活动产生的现金流量净额	11 096 588.30	52 113 480.52	−41 016 892.22	−78.71
投资活动产生的现金流量净额	−92 006 871.34	−86 794 454.04	−5 212 417.30	−6.01
筹资活动产生的现金流量净额	14 796 706.43	41 881 550.37	−27 084 843.94	−64.67
汇率变动对现金的影响	−57 109.04	22 142.75	−79 251.79	−357.91
现金及现金等价物净增加额	−66 170 685.65	7 222 719.60	−73 393 405.25	−1016.15

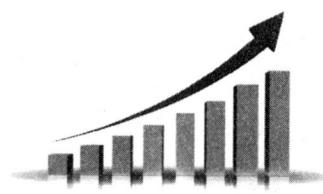

成本费用报表分析

第51招　成本和费用的内容

费用是企业在生产经营过程中发生的各项耗费。根据费用的性质，可按不同的标准进行分类。

1. 费用按经济内容分类

费用按经济内容分类，可分为劳动对象方面的费用、劳动手段方面的费用和活劳动方面的费用三类。在会计上将这一分类称为生产费用要素，一般可分为九个项目，即：外购材料、外购燃料、外购动力、工资、提取的职工福利费、折旧费、利息支出、税金、其他费用。

2. 费用按经济用途分类

费用按经济用途分类可分为直接材料、直接人工、其他直接支出、制造费用和期间费用等。

3. 费用按照其同产量之间的关系分类

费用按其与产量间的关系进行分类，可将费用分为固定费用和变动费用。成本是指企业为生产某种产品、完成某个项目而发生的各种耗费，包括生产产品所消耗的生产资料价值和劳动者为自己劳动所创造的价值，这两部分耗费的货币表现构成了产品成本。成本和费用两个概念在经济实质上是相同的，费用是形成产品成本的基础，在费用中有些耗费是直接为某一对象而发生的，将这些费用按这一对象归集起来就形成了该对象的成本。有些费用不能与某一对象相联系，不能予以对象化，这些费用按发生期间进行归集，由同期收入补偿，形成了期间费用。

企业的成本是反映企业经济工作质量的一项综合指标。该指标可以反映企业在生产过程中人力、物力、财力的综合消耗水平，降低企业的成本就意味着这些资源的节约，意味着经济效益的提高。企业要降低成本就必须重视成本分析，加强企业成本管理。由于成本和费用存在着一定的内在联系，因此，在进行成本分析时通常将期间费用包括在内。

下面我们以宜科科技（002036）为例，来分析其历年有关成本和费用构成（见表51-1）。

表51-1　　　　　　　　　　成本费用构成分析金额　　　　　　单位：元

指　　标	2008年度	2007年度	同比增减幅度（%）	2006年度
销售费用	2 311 483.44	3 923 602.63	-41.09	8 137 331.81
管理费用	33 373 273.76	26 885 743.95	24.13	25 727 632.78
财务费用	522 191.84	-413 667.85	226.23	2 123 075.75
所得税	175 096.65	4 794 149.87	-96.35	24 293 911.95

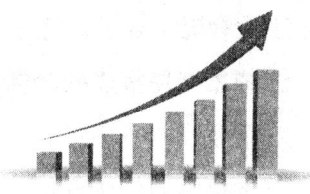

第52招　成本费用报表的分类

1. 成本费用报表概念

成本费用报表是以企业的有关账簿资料为依据，定期编制，主要用来反映企业一定时期内产品成本和期间费用水平及其构成情况的书面报告。

成本费用报表不需对外报送，属于企业内部报表，服务的对象主要是企业内部经营管理者，因此，财政部对成本费用报表的种类、格式、报表项目和编制方法没有统一规定，这些内容可由企业管理者根据管理需要自行设计。

2. 成本费用报表的分类

对企业成本费用进行分析，离不开对各种成本费用数据的运用，在实际工作中成本费用的信息载体是成本费用报表。因此，在进行成本费用分析之前首先要了解企业成本费用报表的种类，对成本费用报表的分类，可以有不同的分类方法，主要包括以下几种：

（1）按编制时间分类。成本费用报表按编制时间可以分为定期成本报表和不定期成本报表两种。定期成本报表通常按会计期间编制，分为月报、季报和年报。根据会计核算的要求，成本会计部门除了编制定期成本报表外，为了加强企业成本管理工作，还可以根据要求对成本耗费的主要指标按旬、按周、按日，甚至按班组编报，形成不定期成本费用报表，以便及时为企业有关部门及管理人员提供有针对性、及时性的成本信息，提高成本费用的日常管理水平。

（2）按编制范围分类。成本费用报表按编制范围可分为全厂成本费用报表、车间成本费用报表、班组成本费用报表和责任人成本费用报表。一般来说，产品生产成本表、主要产品单位成本表等需要编制全厂成本费用报表。

（3）按反映的经济内容分类。成本费用报表按其反映的经济内容主要可以分为三类：一是反映产品成本情况的报表，主要包括产品生产成本表和主要产品单位成本报表，这些报表一般需按月编报；二是反映费用情况的报表，主要包括制造费用明细表、销售费用明细表、管理费用明细表、财务费用明细表；三是其他成本费用报表，这些报表是企业根据自身的特点和管理要求编制的除上述报表外的成本费用报表，如生产成本及销售成本、成本费用率变动报表、成本及产量情况表、质量成本表等。

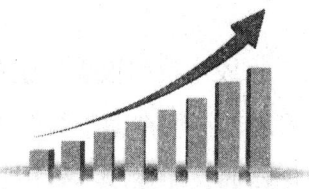

第53招　成本费用报表分析的意义

　　成本费用报表是企业进行成本费用分析的基础，分析的目的是为企业经营管理者提供有助于其解读成本费用报表，了解企业成本费用构成情况及发展变化趋势，加强成本费用管理的信息。在进行成本费用分析时要紧密联系企业成本管理的现状，其分析的意义主要有以下几点：

　　第一，分析成本费用计划的执行情况，了解企业成本费用计划或标准是否符合企业现实核算的要求。

　　第二，分析影响企业成本计划完成情况的因素，找出主要影响因素，总结成本费用管理的经验和教训，进一步加强企业成本费用管理。

　　第三，针对影响成本费用计划完成情况的主要因素进一步对各项指标进行分析，寻求降低成本费用的有效措施，挖掘潜力，不断提高企业的经济效益。

　　第四，通过对企业成本费用分析，掌握企业成本费用的发展趋势，为生产经营决策、成本费用计划的制订、目标利润的确定提供依据。

　　第五，通过分析了解企业成本费用管理中存在的问题，以及是否存在虚假成本核算和计算虚假利润的行为。

第54招　成本费用报表分析的内容

1.成本费用报表的传统分析

成本费用报表的传统分析是指按照成本费用的构成要素进行的分析。企业的费用有多种分类方法，会计上综合多种分类方法将费用分为直接费用、间接费用和期间费用，其中前两者构成了企业的产品成本。因此，成本费用报表分析根据成本费用构成要素可以分为产品成本分析和期间费用分析。

（1）产品成本分析内容。产品成本包括直接材料、直接人工和间接制造费用，是产品销售成本的重要组成部分。加强产品成本分析对降低企业物料消耗，节约人工成本，提高经济效益有至关重要的作用。产品成本分析可以从静态和动态两方面入手：静态分析主要分析产品成本中各成本项目在产品总成本中所占的比重，找出进行成本管理的重点项目。动态分析主要是利用科学的方法分析产品成本的增减变动情况及各影响因素变动对产品成本的影响程度，找出降低产品成本的有效途径。

（2）期间费用分析内容。企业的期间费用包括销售费用、管理费用和财务费用。期间费用全部由当期损益负担，对企业损益有直接的影响。对期间费用的分析主要采用对比法和构成比例法进行。

一般先采用对比法，将本期的实际期间费用与企业的计划进行对比，了解期间费用的增减变动情况，分析期间费用的计划完成情况。

在采用构成比例法进行期间费用分析时，以各费用总额为基数，分别将各项费用与费用总额进行比较，求出各项费用的比重，确定影响费用总额的重点项目，作为企业管理的重点环节。

2. 成本费用报表的特殊分析

随着现代成本管理方法的不断创新和发展，成本分析的内容已不再局限于传统成本分析的范畴。出现了许多针对某一成本管理方法或某类成本进行重点分析的特殊成本费用分析，如标准成本分析和作业成本分析等。

（1）标准成本分析。标准成本分析是指将成本费用的实际数与标准数进行对比，求出标准成本差异。分析标准成本差异产生的原因，以便降低产品成本，提高企业效益。

（2）作业成本分析。作业成本分析是企业采用作业成本法时进行的成本分析内容。作业成本法是指以作业作为间接费用分配对象，对费用进行归集和分配的一种方法。这种分析方法注重的是对作业链进行分析、评价，以期持续改善，使企业获取竞争力。作业成本分析建立在作业成本管理的基础上，涉及公司整个作业链。

对成本费用报表分析的一个重要内容就是要分析其原料单价的变动情况，我们以宜科科技（002036）为例，分析其原料成本价格变动幅度（见表54-1）。

表54-1　　　　　　　　　原料成本价格变动幅度分析

原材料名称（单位）		2008年平均采购价格	2007年平均采购价格	增减幅度（%）
粘胶（元/升）		16.92	17.60	-3.86
进口羊毛条（元/升）		27.43	23.80	15.25
棉纱（元/升）		17.30	17.14	0.93
毛纱（元/升）		45.58	43.53	4.71
包芯马尾纱（元/升）		114.35	109.31	4.61
粘合衬坯布（元/米）		2.29	2.56	-10.55
粘胶长丝（元/升）		40.26	37.99	5.98
燃料及动力（单位）	电（元/度）	0.66	0.62	6.45
	煤（元/千克）	0.59	0.52	13.46

第55招　成本费用报表分析的方法

成本费用报表分析采用何种方法，主要取决于分析的内容和目的。一般来说主要采用比较分析法、结构分析法和因素分析法等财报分析的常用方法。

1. 比较分析法

比较分析法是财报分析的一种常用方法，在成本费用分析中也被普遍采用。比较分析法主要将本期实际成本费用与计划成本费用、以前年度同期成本费用、同行业先进成本费用水平等进行比较，从而说明企业成本费用的计划完成程度、发展变化趋势及在同行业所处的地位。

2. 结构分析法

结构分析法主要是计算成本费用表中各项目占总费用（关键项目）的百分比，以揭示成本费用表各项目的相对地位和总体结构关系。一旦这种结构关系发生异常变化，就要引起决策者的关注，分析变化原因，研究其对经营成果的影响。

3. 因素分析法

因素分析法是进行成本费用分析的一种重要方法。利用这一方法可以分析影响企业成本费用的各因素对成本费用的影响程度，进一步分析成本费用差异产生的原因，以便挖掘潜力，降低成本。

在实际工作中，财报分析的各种基本方法都可运用于成本费用的分析，通常在分析中往往是几种方法的结合应用，在具体运用这些方法时要注意不同方法的相互配合，不要孤立地采用单一方法，要从不同角度进行分析，全面说明问题。

第56招　全部产品成本计划完成情况分析

在进行企业成本报表分析时，为了全面了解企业成本计划的总体完成情况，对企业成本管理有全面的了解，首先要对企业全部产品成本计划完成情况进行分析。全部产品成本是指企业在一定时期生产的全部产品的生产成本总额。企业全部产品成本计划完成情况分析通常是将全部产品实际总成本与计划总成本进行比较，确定成本降低额及降低率，从而分析企业成本计划的执行情况。但在全部产品成本计划完成情况分析时要注意：不能将全部产品实际总成本与计划总成本直接进行比较，因为两者的计算口径不同：一个用实际产量，另一个用计划产量。如果将两者直接进行比较，所得到的变动结果就包含产量变化和成本变化两个因素，不能很好地反映企业全部产品成本计划完成情况。因此，需要将计划总成本换算为按实际产量、计划单位成本计算的总成本，然后同企业实际成本进行比较。

1. 按产品别进行分析

为了具体说明全部产品成本计划完成情况，了解成本计划的完成与否是哪种产品造成的，就需要对全部产品成本按产品别进行分析，找出对成本计划完成情况有重大影响的产品，为进行主要产品单位成本分析指明方向。

在进行全部产品成本计划完成情况分析时，主要是要计算成本降低额和降低率。其计算公式如下：

全部产品成本计划完成情况=∑（实际产量×实际单位成本）/∑（实际产量×计划单位成本）

全部产品成本降低额=∑（实际产量×实际单位成本）-∑（实际产量×计划单位成本）

全部产品成本降低率=全部产品成本降低额/∑（实际产量×计划单位成本）

2.按成本项目别进行分析

成本项目是指产品成本的构成项目，主要包括直接材料、直接人工、制造费用。按成本项目分析的目的，是通过分析确定企业全部产品成本实际与计划的差异是哪些成本项目造成的，以便企业找出影响成本计划完成的主要成本项目，在今后的管理工作中抓住关键，确定主攻方向。

按成本项目进行企业全部产品成本计划完成情况分析，可以利用企业有关成本报表提供的成本项目资料进行。在进行分析时主要将企业全部产品各成本项目的实际数与按各产品实际产量计算的全部产品各成本项目计划数进行对比，分析其差异额和差异率。各成本项目有关资料应根据以下公式计算确定：

全部产品成本中某成本项目计划（实际）总额=∑（某产品成本项目的计划（实际）单位成本×该产品实际产量）

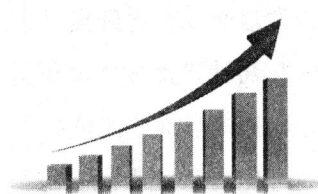

第57招　可比产品成本降低计划完成情况分析

　　在企业的全部产品中，可比产品所占的比重一般都比较大，因此，需要对可比产品成本降低任务的完成情况作更进一步的分析。可比产品的成本降低任务是指企业在成本计划中所规定的可比产品成本降低额和降低率。对可比产品成本降低任务进行分析，是将企业全部可比产品的实际降低额和降低率与计划降低额和降低率进行比较，确定成本降低任务的完成情况，并对成本降低任务完成情况进行因素分析，找出影响可比产品成本降低任务完成情况的主要因素，为企业成本管理提供方向。

1. 可比产品成本降低计划完成情况总括分析

　　可比产品成本降低任务完成情况可用如下指标进行分析：

　　可比产品成本实际降低额=∑［实际产量×（上年实际单位成本–本年实际单位成本）］

　　可比产品计划降低额=∑［计划产量×（上年实际单位成本–本年计划单位成本）］

　　可比产品实际降低率=可比产品成本实际降低额/∑（实际产量×上年单位成本）

　　可比产品计划降低率=可比产品成本计划降低额/∑（计划产量×上年实际单位成本）

　　在进行可比产品成本降低计划完成情况分析时，主要通过计算可比产品成本实际降低额和计划降低额的差额，可比产品成本实际降低率与计划降低率的差异来进行。同时，利用因素分析法分析各因素对可比产品成本降低任务完成情况的影响程度。

2. 可比产品成本降低计划完成情况的因素分析

通过总括分析，对企业可比产品成本降低计划的完成情况有了一般了解，在此基础上还必须对影响企业可比产品成本降低计划完成情况的具体因素进行分析。影响企业可比产品成本降低任务完成情况的因素主要有产品产量、产品品种结构和产品单位成本等。

（1）产品产量因素的影响。产品计划成本降低额是按照产品计划产量计算的，而实际降低额是按照实际产量计算的。因此，在其他条件不变的情况下，产量的增减会影响到成本降低额，但不会引起成本降低率的变化。计算公式为：

产量变动对成本降低额的影响=［∑（实际产量×上年实际单位成本）–∑（计划产量×上年实际单位成本）］）×计划成本降低率

（2）产品品种结构因素的影响。全部可比产品成本降低率实际上是以各种产品个别成本降低率为基础来计算的，由于各种可比产品成本降低率不同，如果成本降低率大的产品在全部产品中所占的比重提高，全部产品成本降低率就会提高，成本降低额就会增加；反之，降低额和降低率就会减少。

产品品种结构对成本降低额的影响可以用结构变动后的降低额减去结构变动前的降低额，计算公式为：

产品品种结构变动对成本降低额的影响=［∑（实际产量×上年实际单位成本）–∑（实际产量×计划单位成本）］–∑（实际产量×上年实际单位成本）×计划成本降低率

产品品种结构变动对成本降低率的影响=品种结构变动对成本降低额的影响数/∑（实际产量×上年实际单位成本）

（3）产品单位成本因素影响。可比产品成本计划降低额和实际降低额分别是以计划单位成本和实际单位成本为基础与上年实际单位成本比较得出的。因此，产品单位成本的变动必然会影响成本降低任务的完成情况。实际单位成本比计划单位成本下降得越多，成本降低额和降低率就越大；反之，成本降低额和降低率就越小。其公式为：

单位成本变动对成本降低额的影响=∑［实际产量×（本年计划单位成本–实际单位成本）］

单位成本变动对成本降低率的影响=单位成本变动对成本降低额的影响/$\sum$（实际产量×实际单位成本）

3. 产品成本分析时应注意的问题

产品成本分析时应注意以下问题：

（1）要注意分析成本计划指标本身的质量。成本计划指标应当先进、合理，如果指标定得过高，企业无论怎样努力都不能达到，计划指标就失去了激励作用；如果指标定得过低，对成本计划完成情况分析毫无意义。因此在进行分析时首先要检查使用的计划指标的质量，如果企业的产品上年度已经生产过，就要将计划与上年度实际进行比较，如果属于本企业初次生产的产品，就要将计划与同行业先进水平进行比较，确定成本计划的质量。

（2）要注意检查成本核算资料的真实性。特别是要检查成本开支范围、费用的归集与分配方法的使用，如果成本核算中存在人为调整成本的行为，再科学的分析也不会得到正确的结论。

（3）要注意影响成本升降因素的分析。首先应当知道在进行全部产品成本计划完成情况分析时，采用的计划总成本是按照实际产量计算的，这样做的目的是要剔除成本计划完成情况分析时产量对总成本的影响。但事实上产品成本可以划分为变动成本和固定成本，只有变动总成本才会随产量的变化而变化，总成本中的固定成本在一定范围内是相对稳定的。上述调整必然会掩盖成本本身的变动。因此，在分析时要注意这些因素对成本的影响，以便说明成本变动的真实原因。其次在进行成本分析时还要注意，影响企业产品成本的因素很多，这里既有企业内部原因，也有外部原因，分析时要将这些因素及影响程度分开，才能正确评价企业的成本管理工作。

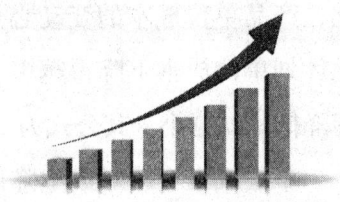

第58招　主要产品单位成本计划完成情况分析

　　主要产品是指企业经常生产的，在企业全部产品中所占比重较大，能够反映企业生产经营主要情况的产品。对企业的主要产品单位成本进行分析应编制和利用企业主要产品单位成本报表。企业的主要产品单位成本报表，可以为分析者提供按成本项目反映的主要产品单位成本的本年实际数、本年计划数和上年实际数等成本资料，利用上述资料，采用一定的方法可以分析企业单位成本计划完成情况及各影响因素对产品单位成本的影响程度，为企业成本管理和降低成本提供进一步的依据。

1. 主要产品单位成本的总括分析

　　进行主要产品单位成本分析首先进行总括分析，分析内容主要是用本期实际单位成本与计划单位成本资料进行对比，以评价企业单位成本的计划完成情况；同时也可以用本期实际单位成本与上年实际单位成本进行对比，以揭示企业成本发展变化趋势；用本期实际单位成本与同行业先进水平等资料进行对比，反映本企业成本与同行业水平的差距，寻求降低成本的途径，正确评价企业成本管理水平。

　　【例58-1】公司生产的A产品单位成本报表见表58-1。

表58-1   主要产品单位成本表

编制单位：M公司   本年度   实际产量：1 000件

产品名称：A产品   金额单位：元

成本项目	本年计划		本年实际	
直接材料	570		712.5	
直接人工	142.5		171	
制造费用	237.5		216.5	
单位成本	950		1100	
主要经济指标	计量单位	消耗量	单价	消耗量	单价
主要材料	千克	190	3	187.5	3.8
生产工时	小时	28.5	5	30	5.7

根据表58-1，对该企业主要产品单位成本进行总括分析，结果见表58-2。

表58-2   主要产品单位成本分析表   金额单位：元

成本项目	计划成本	实际成本	差异情况		各成本项目变化对单位成本影响(%)
			差异额	差异率(%)	
直接材料	570.00	712.50	142.50	25.00	15.00
直接人工	142.50	171.00	28.50	20.00	3.00
制造费用	237.50	216.50	-21.00	-8.80	-2.21
合 计	950.00	1 100.00	150.00	15.79	15.79

通过分析可知：A产品单位成本超支了150元，超支率为15.79%，且其成本超支主要是由于直接材料成本超支造成的，直接材料超支引起成本超支了15%。另外，在成本项目中直接人工虽然只超支了3%，对单位成本影响不大，但应当注意，就直接人工本身而言其超支则高达20%，也应当引起管理者的重视。

主要产品单位成本总括分析，为降低成本指明了方向，但各成本项目升降的具体原因还需作进一步分析。

2. 主要产品单位成本项目分析

（1）直接材料成本分析。影响单位产品直接材料成本的因素主要有材料的消耗量和材料价格，这两个因素与单位产品直接材料成本的关系为：

单位产品直接材料成本=$\sum$（单位产品某材料耗用量×该材料单价）

利用因素分析法可以分析材料消耗量和材料单价变动对直接材料成本的影响，其计算公式如下：

材料耗用量变动影响=$\sum$［（实际单位耗用量-计划单位耗用量）×计划价格］

材料单价变动的影响=$\sum$［（实际单价-计划单价）×实际耗用量］

由表58-1可以得到A产品的材料明细资料，利用因素分析法分析如下：

材料消耗量变动影响=（187.5-190）×3=-7.5（元）

材料单价变动影响=（3.8-3）×187.5=150（元）

从计算结果中可以看出：单位产品材料消耗量有所下降，使单位产品直接材料成本下降了7.5元，但由于材料单价上升使单位产品直接材料成本上升了150元，两项合计使单位产品直接材料成本上升了142.5元。分析单位产品直接材料成本要在上述因素分析的基础上进一步分析单耗和单价变动的原因，更好地控制单位产品成本。

影响材料消耗量的因素很多，总结起来主要有：产品设计的原材料配方、材料质量的变化、下料和生产工艺、材料代用和综合利用、产品或零部件的结构变化、工人操作技术及认真程度、新工人比例、工具使用等。

材料价格的提高对企业生产肯定是不利因素，但引起材料价格变动的因素可以分为可控因素和不可控因素两种。不可控因素主要是指市场价格变化、国家价格政策调整，这些因素一般是企业所不能控制的。引起材料价格变动的可控因素主要有：材料采购价格的变动、运输费用变动、途中合理损耗的变动、配料成分变化、材料替代等，这些因素往往是企业可以控制的。因此，在对直接材料费用的变动进行分析时要将引起材料价格变动的可控因素列为重点分析对象。首先，要从材料采购成本入手，分析采购成本计算的准确性，是否按现行会计制度计算材料采购成本，有无乱计采购成本的行为；其次，要分析采购计划制订是否合理，在采购地点、采购数量、运输方式等方面有无损失浪费和不合理现象存在。

（2）直接人工费用分析。直接人工费用包括企业直接从事产品生产人员的工资及福利费用。在产品成本计算过程中直接人工费用一般按产品生产使用的工时数分配计入产品成本，因此，影响直接人工费用的因素主要是单位产品工时消耗量和小时工资率。它们与直接人工费用的关系为：

单位产品直接人工费用=单位产品工时×小时工资率

使用因素分析法可以分析两个因素对单位产品直接人工费用的影响程度，其计算公式为：

单位产品工时变动对直接人工费用的影响=（单位产品实际工时-单位产品计划工时）×计划小时工资率

单位产品小时工资率变动对直接人工费用的影响=（实际小时工资率-计划小时工资率）×单位产品实际工时

根据表58-1中所给出的A产品资料分析为：

单位产品工时变动影响=（30-28.5）×5=7.5（元）

单位产品小时工资率变动影响=（5.7-5）×30=21（元）

通过分析可以看出：由于单位产品工时消耗升高使A产品成本增加了7.5元，单位产品小时工资率提高使A产品成本增加了21元，两个因素共同影响使A产品单位成本共增加了28.5元。分析单位产品直接人工费用的变化，要在上述分析的基础上进一步分析引起单位产品工时消耗和单位产品小时工资率变化的原因。

单位产品工时消耗的变动，反映了企业劳动生产率水平的高低。劳动生产率越高，单位产品的工时消耗量越少，它所分配的人工费用越低；反之，劳动生产率越低，单位产品所消耗的工时越多，分配的人工费用越多。引起单位产品工时消耗量变动的因素主要有：机器设备性能、材料质量、生产工艺及产品设计、生产组织情况、工人技术熟练程度和工人劳动态度等因素。

小时工资率等于企业人工费用总额除以生产工时总额。工资总额控制得好，小时工资率就低；反之，小时工资率则高。从企业发展来看工资费用的增长不一定是不利因素，在分析工资费用时要将它与企业经济效益的增长联系起来，工资的增长应当同生产的增长和劳动生产率的提高相适应，劳动生产率的提高一定要超过工资的增长，这样工资总额虽然增加但小时工资率降低，有利于直接人工费用的控制。

（3）制造费用分析。制造费用是按照工人工资标准或生产工时标准分配计入产品成本的，因此制造费用的分析通常与直接人工费用的分析有些相似，单位产品制造费用受单位产品生产工时和小时费用率影响，其计算公式为：

单位产品制造费用=单位产品生产工时×小时费用率

可以利用因素分析法对影响单位产品制造费用的因素进行分析，分析各因素的影响程度，有关分析为：

单位产品生产工时影响=（单位产品实际工时–单位产品计划工时）×计划小时费用率

单位产品小时费用率变动影响=（实际小时费用率–计划小时费用率）×单位产品实际工时

根据表58-1所列数据计算可以得到：

单位产品生产工时影响=（30–28.5）×8.33=12.495（元）

单位产品小时费用率变动影响=（7.22-8.33）×30=-33.3（元）

从分析可以看出：单位产品生产工时的增加使单位产品制造费用增加了12.495元，单位产品小时费用率的减少使产品单位成本降低了33.3元，两个因素共同作用使单位产品制造费用减少了21元。下面应进一步分析影响单位产品制造费用的具体原因。

影响单位产品制造费用的第一个因素是单位产品工时消耗量，其高低主要受劳动生产率影响，前面已进行了分析。第二个因素是小时费用率，它是用企业制造费用总额与生产工时相除得到的，因此，其高低主要受制造费用总额变化的影响。企业制造费用总额中包含的项目较多，在分析时可按照费用预算逐项进行分析，还可以将全部制造费用按其与产量的关系划分为变动费用和固定费用进行分析，结合企业实际情况查明超支原因，控制费用的发生。

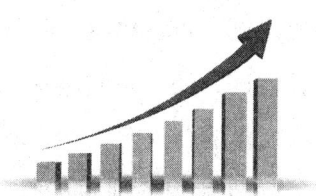

第59招　制造费用分析

　　制造费用属于企业的成本项目，是企业生产部门发生的不能直接计入产品成本的间接费用。制造费用包括的项目很多，其明细项目一般包括：机物料消耗、工资及福利费、折旧费、修理费、租赁费、保险费、低值易耗品摊销、水电费、运输费和办公费等。按照产品成本的计算方法，制造费用发生时不能直接计入产品成本，先在"制造费用"账户归集，然后再采用一定的标准在各种产品之间进行分配。因此，制造费用的高低对企业产品成本有很大的影响，要想降低成本就要重视对制造费用的预算和控制。

　　对制造费用进行分析，主要利用企业定期编制的制造费用明细表进行，采用的方法主要有对比分析法和构成比例分析法。

　　采用对比分析法主要是将制造费用本期实际数与预算数对比，揭示本期制造费用计划的完成情况。为了更好地分析制造费用增减变动和计划执行情况及原因，上述对比分析一般还应按费用项目进行。分析时应将重点放在那些超支或节约数额较大或在制造费用所占比重较大的项目上。

　　采用构成比例法进行制造费用分析时，要计算某一费用项目占制造费用总额的比例，可以将这些比例与企业生产管理的实际情况联系起来，分析其结构是否合理，还可以将本期实际费用结构与本期预算结构进行对比，分析差异及增减变化的合理性。

　　制造费用各项目的性质和用途有很大区别，企业在评价每一项目超支或节约时应结合其用途和性质具体分析，不要简单地把一切超支都看成是不合理的，也不要把一切节约都看成对企业是有益的。要注意分析升降的根本原因，综合分析，科学处理。

第60招　管理费用分析

　　管理费用是指企业行政管理部门为组织和管理生产经营活动而发生的各项费用，管理费用与产品生产没有直接关系，因此不计入产品成本，而是按发生的期间进行归集，计入当期损益。因此，管理费用的高低虽然不影响企业的产品成本，但直接影响当期利润：管理费用分析是对报告期实际发生的管理费用的任务完成情况进行分析和评价，找出影响管理费用任务完成情况的原因，提高费用管理水平。管理费用分析主要利用管理费用明细表进行，管理费用明细表是反映企业在一定时期内发生的管理费用及其构成情况的报表，它为管理费用分析提供了基础。

　　管理费用发生在企业行政管理部门，主要包括行政管理部门的职工工资及福利费、折旧费、修理费、办公费、差旅费、工会经费、待业保险费、劳动保险费、董事会费、业务招待费、聘请中介机构费、咨询费、诉讼费、房产税、车船税、土地使用税、印花税、无形资产摊销和坏账准备等。这些费用中有很大一部分属于固定费用。企业通常采用编制费用预算对管理费用加以控制。管理费用分析通常按费用项目进行，将报告期实际发生的管理费用与费用预算及前期实际水平对比进行分析，以说明企业管理费用的预算执行情况及发展变化趋势。

　　进行管理费用分析时选择什么分析标准对分析结果影响较大，由于管理费用中很大一部分是固定费用，因此，一般通过费用预算对其进行控制。同时，企业管理费用项目较多，在进行管理费用分析时，还要对管理费用按其性质进行分类，分析哪些费用的发生是由于生产发展的需要而产生的，是正常的；哪些费用的发生是不正常的，产生的原因是什么，从而有针对性地进行管理和控制。

下面我们以宜科科技（002036）为例，来分析其2008年管理费用构成（见表60-1）。

表60-1 　　　　　　　　　管理费用构成分析　　　　　　　　单位：元

项　目	本年金额	上年金额
主要管理费用	33 373 273.76	26 885 743.95
工资及附加	9 052 121.73	9 533 653.80
研发费	3 893 468.27	2 935 082.65
折旧摊销	3 668 813.30	4 303 714.55
税费	2 801 251.50	2 118 720.56
差旅费	1 989 206.78	1 088 594.27

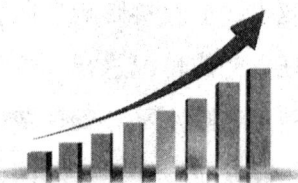

第61招　销售费用分析

销售费用是企业在销售商品过程中发生的各项费用，包括运输费、装卸费、包装费、保险费、展览费、广告费，以及为销售本企业产品而专设销售机构的职工工资、福利费和业务费等；如果是商业企业，还包括购货过程中产生的运输费、装卸费、包装费、保险费、运输途中的合理损耗和入库前的整理挑选费用等。销售费用与产品生产成本没有直接关系，不计入产品成本，按发生期间归集，将当期发生的实际数直接计入当期损益。企业销售费用分析主要利用销售费用明细表进行。销售费用明细表是反映企业在一定时期内发生的销售费用及其构成情况的报表。企业在进行分析时主要是将企业本期实际发生的销售费用与预算数相对比，从而分析销售费用的任务完成情况，找出销售费用变化的原因，提高销售费用的管理和控制水平。

对销售费用进行分析与其他费用分析方法基本相同，分析时一定要注意分析标准的选择要与分析目的相适应，在进行销售费用任务完成情况分析时通常使用费用预算指标做标准，通过对比找出费用预算执行情况的差异，并运用构成比例分析法确定重点分析项目。

下面我们以宜科科技（002036）为例，来分析其2008年销售费用构成（见表61-1）。

表61-1 销售费用构成分析 单位：元

项 目	本年金额	上年金额
主要销售费用	2 311 483.44	3 923 602.63
仓储运输费	1 427 001.23	2 682 629.99
工资及附加	334 430.08	259 877.79

销售费用本年金额比2007年金额减少1 612 119.19元，减少比例为41.09%，减少原因主要为仓储运输费的减少。

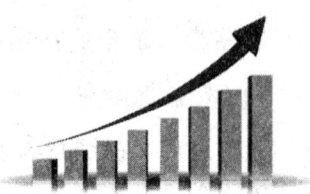

第62招　财务费用分析

　　财务费用是企业为了筹集资金而发生的各项费用，包括利息支出、汇兑损失和相关手续费。我国现行会计制度规定，企业的利息收入和汇兑收益作为财务费用的冲减归类为财务费用的内容。

　　财务费用属于企业的期间费用，与产品生产成本没有直接关系，不计入产品成本，按发生期间归集，将当期发生的实际数直接计入当期损益。企业财务费用分析主要利用财务费用明细表来进行。财务费用明细表是反映企业一定时期内发生的财务费用及其构成情况的报表。财务费用分析可按费用项目进行也可按筹资对象进行，在进行财务费用分析时主要是将财务费用实际发生额与预算额或以前年度财务费用水平进行比较分析，分析本年度财务费用的预算执行情况或费用变化趋势，找出影响财务费用的原因和重点控制对象。同时，财务费用是为筹集企业生产经营所需资金而发生的，费用的高低直接取决于企业负债的多少，特别是银行借款。

　　因此，在进行财务费用分析时，必须结合企业的借款规模进行：一是要分析借款的结构、期限、利率水平与生产经营所需是否相符，企业能否通过调整借款结构控制财务费用；二是应分析企业筹资成本，与企业负债筹资的效益，看企业能否通过企业筹资渠道的改变控制财务费用；三是应将财务费用分析与企业财务风险控制结合进行，通过对利息保障倍数和财务杠杆系数等指标的分析综合评价企业财务费用管理水平。

　　下面我们以宜科科技（002036）为例，来分析其2008年财务费用构成（见表62-1）。

表62-1　　　　　　　　财务费用构成分析　　　　　　　单位：元

项　　目	本年金额	上年金额
利息支出	1 850 740.72	398 270.42
减：利息收入	1 734 235.42	1 733 063.12
汇兑损益	279 784.35	756 184.61
其他	125 902.19	164 940.24
合　　计	522 191.84	−413 667.85

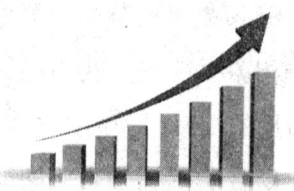

企业合并财报分析

第63招　分析合并财报的性质与作用

1. 合并财报的性质

合并财报是以母公司和子公司组成的企业集团作为一个特定的会计主体，以母公司和子公司单独编制的个别财报为基础，由母公司编制的用于综合反映企业集团财务状况、经营成果、现金流量及其变动情况的一种特殊的财报。

第二次世界大战以后，随着科学技术在生产中的大量运用，企业生产规模和企业集团急剧扩大，甚至出现了跨越国界的大型跨国公司。这些大型企业或跨国公司大都采用控股公司的形式生产经营。在控股经营的情况下，由于子公司都是作为独立法人实体，分别编报自身的个别会计报表，这就造成了企业的最高管理当局为了解控股公司整体经营情况，需要将控股公司与子公司的会计报表进行合并，通过编制合并财报的形式来提供控股公司的综合信息。此外，随着资本市场的发展和竞争的加剧，企业兼并和企业合并的现象大量增多，一些有经济实力的企业，大举兼并中小企业，使其纳入自己的势力范围内。为了控制这些企业并对其进行管理，也需要通过编制合并财报掌握其经营情况。于是合并财报日益流行起来，并开始受到人们的重视，合并财报的作用也日益显示出其重要性。

随着我国一些股份制企业开始公开发行股票，并到我国香港、纽约等海外证券市场上市，为了满足股票海外上市的需要，这些股份制企业先行开始编制合并财报。以后，随着企业改制、改组、合并、兼并日益增多，企业集团不断出现和扩大，编制合并财报已成为财务会计的重要工作之一。

2. 合并财报的作用

（1）有利于真实地反映企业集团的财务状况和经济实质。会计应真实、完整地反映和核算一个会计主体所发生的经济事项，对这一会计主体经济内容真实和完整的反映，不应受组织结构的影响；否则，就不能客观地反映这一会计主体的财务状况和经济实质。

（2）有利于正确反映企业集团的经济实力和经营规模。企业控股合并后，母公司和子公司虽然还是独立的法人，但他们在经济上已连为一体，生产经营活动处于共同的经营管理和计划与决策控制之下。母公司和子公司、各子公司之间发生的许多交易或事项都属内部交易。从单个企业的角度看，这些交易可视为该企业对外发生的交易，在会计上均可确认收入，计算损益。但从合并企业的角度看，这些交易正像产品在各车间、各分支机构转移一样，利润或损失在企业整体范围内并未实现。只有将各组成集团的公司与相对于集团而言的外界交易所实现的利润或损失相加，才能真正反映整个企业集团的经营成果。企业集团的经营规模，一般可以用资产、负债、所有者权益水平、销售收入、销售成本和销售利润等来表示，这只有在对企业集团的内部交易加以剔除的情况下才能得到正确的认识。

（3）有利于公正、客观地分析和评价企业集团的经济活动和经营业绩。进行企业集团的经济活动分析和经营业绩评价，需要以整个集团作为评价基础，集团的财务信息应以合并财报提供的信息为准。因为在企业集团内部的交易活动中，有一部分并不能产生企业利润。例如，一个子公司所拥有的期末存货可能是另一个子公司本期售出的存货，这样从企业集团的整体看，有一部分是尚未实现的利润。若以简单汇总的数字对企业的经济活动与经营业绩进行评价，势必会出现分析结果或评价与客观事实不符的情况。合并财报能够真实地反映企业集团的财务状况和经营成果，以此为基础，将有利于客观、公正地分析和评价企业集团的经营活动与经营业绩，得出的分析结论是合乎逻辑的。

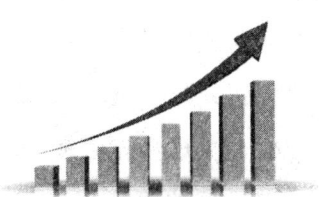

第64招　合并财报的种类

合并财报主要包括合并资产负债表、合并利润表、合并利润分配表、合并现金流量表和合并财报附注。与企业个别财报一样，这些合并财报及附注分别从不同的方面反映企业集团这一会计主体的经营情况，构成一个完整的合并财报体系。

1. 合并资产负债表

它是反映母公司和子公司所形成的企业集团在某一特定日期的财务状况的会计报表。合并资产负债表是以母公司和纳入合并范围的子公司的个别资产负债表为基础，抵销企业集团内部经济业务对个别资产负债表的影响，合并各项目的数　编制。

2. 合并利润表

它是反映母公司和子公司所形成的企业集团整体在一定会计期间内经营成果的会计报表。它是以母公司和纳入合并范围的子公司的个别利润表为基础，抵销内部销售业务对个别利润表的影响，合并各项目的数额编制。

3. 合并利润分配表

它是反映母公司在一定会计期间内经营成果分配或处置情况的会计报表。它以母公司和纳入合并范围的子公司的个别利润分配表为基础，抵销所有子公司利润分配项目的数额编制。它是从母公司的角度，站在母公司所有者的立场反映利润分配或处置情况的财报。

4. 合并现金流量表

它是反映母公司和子公司所形成的企业集团在一定会计期间现金流入、流出量以及现金净流量增减变动情况的财报。它以合并资产负债表、合并利润

表、合并利润分配表以及其他有关影响企业集团一定会计期间现金流入、现金流出的资料为依据编制的。

5. 合并财报附注

合并财报虽然能够提供作为经济个体的企业集团的综合信息，能比较完整地反映企业集团的财务状况和经营成果，但是，合并财报不能代替各公司的个别会计报表，它所揭示的会计信息有一定的局限性。所以，报表阅读者除关心合并财报主体内容外，还应注意财报附注的补充说明。

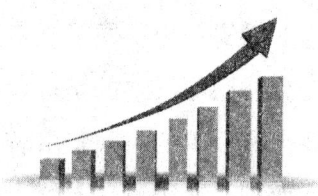

第65招　分析合并财报的特点

1. 合并财报不同于个别会计报表

合并财报反映的是母公司和子公司所组成的企业集团整体的财务状况和经营成果，反映的对象是由若干个法人组成的会计主体，是经济意义上的会计主体，而不是法律意义上的主体。个别财报反映的则是单个企业法人的财务状况和经营成果，反映的对象是企业法人。对于由母公司和若干个子公司组成的企业集团来说，母公司和子公司编制的个别财报分别反映母公司或子公司本身各自的财务状况和经营成果，而合并财报则反映母公司和子公司组成的集团这一会计主体综合的财务状况和经营成果。合并财报由企业集团中对其他企业有控制权的控股公司或母公司编制。也就是说，并不是企业集团中所有企业都必须编制合并财报，更不是社会上所有企业都需要编制合并财报。与此不同，个别财报是由独立的法人企业编制，所有企业都需要编制个别财报。

合并财报以个别财报为基础编制。企业编制个别财报，从设置账簿、审核凭证、编制记账凭证、登记会计账簿到编制财报，都有一套完整的会计核算方法体系。而合并财报不同，它是以纳入合并范围的企业个别财报为基础，根据其他有关资料，抵销有关会计事项对个别财报的影响编制的，它并不需要在现行会计核算方法体系之外单独设置一套账簿体系。

合并财报编制有其独特的方法。个别财报的编制有其自身固有的一套编制方法和程序。合并财报则是在对纳入合并范围的个别财报的数据进行加总的基础上，通过编制抵销分录将企业集团内部的经济业务对个别财报的影响予以抵销，然后合并财报各项目的数额编制而成。

2. 合并财报不同于汇总财报

合并财报也不同于汇总财报。汇总财报主要是指由行政管理部门根据所属企业报送的报表项目进行加总编制的财报。在编制汇总财报时，行政管理部门对本部门所属企业报送的财报，采用将所有汇总范围内的企业相同报表相同项目简单相加的方法进行汇总。合并财报与其相比，有如下特点。

（1）编制目的不同。汇总财报的主要目的是满足有关行政部门或国家掌握了解整个行业或整个部门所属企业的财务经营情况的需要；而合并财报则主要是满足公司所有者、债权人以及其他相关方面了解企业集团整体财务状况和经营成果的需要。

（2）报表涉及的企业范围不同。汇总财报所涉及的企业范围，主要是以企业的财务隶属关系作为确定的依据，即以企业是否归其管理，是否属于其下属企业作为确定编报范围的依据，凡属于其下属企业，在财务上归其管理，均包括在汇总报表的编报范围之内。合并财报所涉及的企业并不是集团内的所有企业，而是以母公司对另一企业的控制关系作为确定编报范围（即合并范围）的依据，即凡是通过投资关系或协议能够对其实施有效控制的企业都属于合并财报的编制范围。

（3）报表数据的形成方法不同。汇总财报主要采用简单加总方法编制，而合并财报则必须采用抵销内部投资、债权债务以及内部销售等内部会计事项对个别财报的影响后编制，它剔除了集团内交易对报表整体的影响。

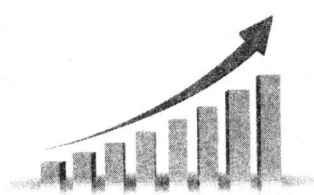

第66招　分析合并财报的编制

1. 合并财报编制的前提

由于合并财报的编制涉及两个或两个以上的会计主体与独立法人，所以，为了保证合并财报能够全面反映企业集团的真实情况，在编制合并财报时必须具备一些基本前提。

（1）统一母子公司的财报决算日和会计期间。由于财报是反映企业一定时期的财务状况和一定会计期间内的经营成果，所以只有在母公司与各子公司的个别财报反映财务状况的日期和反映经营成果的会计期间一致的情况下，才能以这些个别财报为基础。换言之，为了编制合并财报，要求子公司的财报决算日和会计期间必须与母公司保持一致。对于境外子公司，由于当地法律限制不能与母公司财报决算日和会计期间一致的，可以要求其为编制合并财报单独编报与母公司财报决算日和会计期间一致的个别财报。

（2）统一母子公司的会计政策。会计政策是企业在进行会计核算和编制财报时所采用的会计原则、会计程序和会计处理方法，是编制财报的基础，是保证财报各项目所反映内容保持一致的前提。因此，在编制合并财报之前，要求子公司采用的会计政策必须与母公司保持一致，以便于统一企业集团内部各企业所采用的会计政策，使各子公司均能够提供采用相同会计政策编报的财报。

（3）统一母子公司的编报货币。财报是以货币为计量单位而编制的，只有在母公司与子公司采用相同币种编报其个别财报的情况下，才能以个别财报为基础编制合并财报。因此，在编制合并财报前，必须将那些以其他币种编报的个别财报折算为母公司所采用的以记账本位币表示的财报。

（4）对子公司的权益性投资采用权益法进行核算。对子公司的权益性投资可采用成本法或权益法等不同方法进行核算。只有在采用权益法核算的情况下，母公司长期投资的账面价值才能反映其在被投资企业所有者权益中所享有的份额。因此，在编制合并财报前，必须明确对子公司的权益投资是采用权益法核算的。

2. 合并财报编制的原则

从合并财报的性质看，一方面它属于财报，因此在编制时必须符合财报编制的一般原则和基本要求，即真实可靠、全面完整和编报及时；另一方面它又与个别财报不同，它反映母公司和子公司组成的企业集团整体财务状况，反映若干个法人共同形成的会计主体的财务状况，因此还应该遵循以下原则和要求。

（1）以个别财报为基础编制。合并财报并不是直接根据母子公司账簿编制，而是利用母公司和子公司编制的反映各自财务状况和经营成果的财报提供的数据，通过合并财报的特有方法进行编制的。

（2）一体性原则。合并财报反映企业集团的财务状况和经营成果，反映由多个法人企业组成的一个会计主体的财务状况，在编制合并财报时应将母公司和所有子公司作为一个统一的整体来看待，母公司和子公司发生的经营活动都应站在企业集团的角度进行考虑。因此，在编制合并财报时，对于母公司与子公司、子公司相互之间发生的经济业务，应当予以抵销，将其视为同一会计主体内部业务处理。

（3）重要性原则。与个别财报相比，合并财报涉及多个法人主体，涉及的经营活动范围很广，母公司与子公司经营活动往往跨越不同行业界限。在编制合并财报时，强调重要性原则的运用，对那些不一定对企业集团整体影响很大的报表项目要进行取舍，充分考虑信息披露的成本效益问题。

3. 合并财报编制的一般程序

编制合并财报的直接依据不是账簿记录，而是纳入合并财报范围内的子公司的个别财报。编制合并财报时，一般运用编制抵销分录、编制合并工作底稿等一些特殊的方法。这些相关的抵销分录不必登记账簿，可直接在工作底稿中记录。一般而言，合并资产负债表、合并利润表和合并利润分配表的工作底稿均在一张工作底稿上完成。

编制合并财报的一般程序可以分为两步：一是编制合并工作底稿；二是根

据合并工作底稿编制合并财报。

（1）合并工作底稿的编制。其编制程序为：

第一，将母公司和子公司个别财报的数据过入合并工作底稿（见表66-1）。

表66-1 　　　　　　　　　　合并工作底稿

| 项　目 | 母公司 | 子公司 | | | 合计数 | 抵销分录 | | 少数股东权（收）益 | 合并数 |
		A公司	B公司	……		借方	贷方		
(利润表项目) 主营业务收入 主营业务成本 …… 净利润 (利润分配表项目) 年初未分配利润 …… (资产负债表项目) 货币资金 …… 短期借款 …… 实收资本 …… 未分配利润 少数股东权益									

第二，在工作底稿中将母公司和子公司财报各项目的数据加总，并将其填入"合计数"栏中。

第三，编制抵销分录，抵销母公司与子公司、子公司相互之间发生的购销业务、债权债务和投资事项等对个别财报的影响。

第四，计算合并财报各项目的数额。例如，对于资产负债表，根据加总的资产类各项目的数额，加上抵销分录的借方发生额，减去抵销分录的贷方发生额，计算得出资产类各项目的合并数额；根据加总的负债和所有者权益类各项目的数额，加上抵销分录的贷方发生额，减去抵销分录的借方发生额，计算得出负债和所有者权益类各项目的合并数额。对于利润表，根据母公司和子公司个别利润表收入各项目加总数额，加上抵销分录的贷方发生额，减去抵销分录的借方发生额，计算得出合并利润表有关收入和利润项目的合并数；根据个别利润表成本和费用各项目加总的数额，加上抵销分录的借方发生额，减去抵销分录的贷方发生额，计算得出合并利润表有关成本和费用各项目的合并数额。

（2）合并财报的编制。合并工作底稿编制完成后，将合并工作底稿计算得出的各项目的合并数额过入各合并财报，即可得出整个企业集团的合并资产负债表、合并利润表和合并利润分配表。

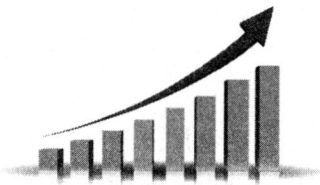

第67招　具体分析合并财报的范围

根据我国《合并财报暂行规定》，凡是能够为母公司所控制的被投资企业都属于其合并范围，即境内外所有的子公司都应当纳入合并财报的合并范围。所谓子公司，是指被另一企业控制的企业。所谓控制，是指能够统驭一个企业的财务和经营政策，并拥有能以此取得收益的权力。根据该规定，我国合并财报的范围具体如下。

母公司持有其过半数以上（不包括半数）权益性资本的被投资企业在投资者按其拥有的权益性资本的比例享有决策权的情况下，投资企业如果拥有被投资企业半数以上的权益性资本，就一般可以实际控制被投资企业的经营活动。被投资企业的经营活动事实上成为投资企业经营活动的一个组成部分，即投资企业与被投资企业实质上实现了经营活动的一体化。因此，一般应将这种被投资企业纳入合并范围（特殊情况除外）。

1. 母公司持有其半数以上权益性资本的情形

在会计实务中，母公司持有其半数以上权益性资本的情形，主要有以下三种：

（1）公司直接拥有被投资企业半数以上权益性资本。例如，甲公司直接持有乙公司普通股份的60%。

（2）间接持有半数以上的权益性资本。母公司可能通过其子公司而持有其子公司的子公司半数以上的权益性资本，在这种情况下，子公司的子公司也应纳入合并范围。例如，甲公司持有乙公司90%的股份，而乙公司又拥有丙公司80%的股份，则甲公司通过乙公司而间接持有丙公司80%的股份，或者说通过乙公司而间接取得了对丙公司的控制权。在这种情况下，丙公司也是甲公司的子公司，也应纳入甲公司所编合并财报的范围。

（3）直接和间接方式合计拥有、控制一个企业半数以上的权益性资本。直接和间接方式合计拥有和控制半数以上的权益性资本，是指母公司以直接方式拥有、控制某一被投资企业一定数量（半数以下）的权益性资本，同时又通过其他方式如通过子公司拥有、控制被投资企业一定数量的权益性资本，两者合计拥有、控制该被投资企业超半数以上的权益性资本。

例如，甲公司拥有乙公司60%的股份，并拥有丙公司40%的股份，而乙公司又拥有丙公司30%的股份，则甲公司通过乙公司间接拥有丙公司30%的股份，甲公司直接和间接拥有丙公司的股份合计为90%，但由于某些特殊的原因，母公司可能无法有效地对子公司实施控制，或者对子公司的控制权受到限制。对于这些子公司，母公司在编制合并财报时，可以将其排除在外，不纳入合并财报的合并范围。这是因为，母公司对子公司的控制权受到限制时，对子公司的资金调度也受到限制，母、子公司的生产经营活动缺乏一体性。如果将这些控制权受到限制的子公司纳入合并范围，反而可能使合并财报的使用者产生误解。

2. 不纳入合并范围的子公司情况

从我国的实际情况看，可以不纳入合并范围的子公司有以下几种情况：

（1）已准备关停并转的子公司。根据国家有关法规的要求，或由于其他原因准备关闭、停业、与其他企业合并或转产其他产品的子公司，由于不能进行正常的经营活动，母公司的控制权受到限制，因而不应纳入合并财报的合并范围。

（2）按照破产程序，已宣告被清理整顿的子公司。根据破产法的有关规定，企业在清理整顿期间，应当严格执行整顿方案，并由上级主管部门负责整顿的实施。由于母公司对这类子公司的控制权受到限制，因而不应将其纳入合并财报的合并范围。

（3）已宣告破产的子公司。企业宣告破产后，必须设立清算组。破产企业的财产在破产后，即由清算组接管，并由清算组行使管理和处分权，其他任何人员不得非法处理破产企业的财产等。由于母公司对宣告破产的子公司的财产没有控制权，而且这类子公司已不能进行正常的经营活动，因而不应纳入合并财报的合并范围。

（4）准备近期售出而短期持有其半数以上的权益性资本的子公司。这种情况是指母公司在资产负债表日持有被投资企业过半数以上权益性资本的投资，但其中有一部分持有的权益性资本投资属于短期投资，准备在近期内出售。对于这一部分准备近期出售的权益性资本投资，母公司并不是为了控制该被投资企业而持有的，扣除这部分短期投资后，母公司便只拥有该被投资企业半数以下的权益性资本。可见，母公司对这类子公司的控制权是暂时的，因而不应将其纳入合并财报的合并范围。

（5）非持续经营的所有者权益为负数的子公司。由于股份有限公司的股东对公司债务所承担的责任只以其投资为限；如果子公司的所有者权益已为负数，则母公司对子公司的股权投资在权益法下已降为零，母公司对子公司的债务不再承担责任，因此没有必要将其纳入合并范围。但在该子公司持续经营时，如母公司需要这类子公司继续提供原材料，不准备宣告该子公司破产，则母公司仍然控制着该子公司，因而应将其纳入合并范围。

（6）受所在国外汇管制及其他管制、资金调度受到限制的子公司。在这种情况下，母公司不能完全按照自身的意图调度和使用子公司的资金，意味着母公司的控制权受到限制。

有关管理部门注意到，相对其母公司来说，许多子公司的经营规模很小，如果将其纳入合并财报，一方面对编制合并财报带来很多困难，另一方面这些小规模子公司财报的合并与否，对于企业集团公司的会计信息影响甚微。因此，在确定合并范围时，又增加了一项限制条件，即当某一子公司的资产总额、销售收入及当期净利润额三项指标符合10%条件时，可以将其扣除10%条件，是指当子公司的资产总额、销售收入及当期净利润按照下列公式计算得出的比例均在10%以下时，根据重要性原则，该子公司可以不纳入合并范围。

下面我们以宜科科技（002036）为例，来看该公司在2006年年报中是如何表述合并财报政策范围的："合并财务报表按照2006年2月颁布的《企业会计准则第33号——合并财务报表》执行。公司所控制的全部子公司均纳入合并财务报表的合并范围。合并财务报表以母公司和纳入合并范围的子公司的个别财务报表为基础，根据其他有关资料为依据，按照权益法调整对子公司的长期股权投资后，由母公司编制。合并时对内部权益性投资与子公司所有者权益、内部投资收益与子公司利润分配、内部交易或事项、内部债权债务进行抵销。合并成本大于合并中取得的被购买方可辨认净资产公允价值份额的差额，确认为商誉。合并成本小于合并中取得的被购买方可辨认净资产公允价值份额的，其差额计入当期损益。子公司所采用的会计政策与母公司保持一致。"

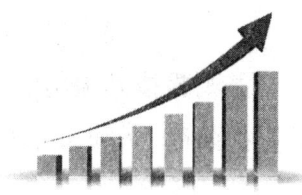

第68招　编制合并财报的方法

合并财报按其编制的时间不同，可以分为合并时的合并财报和合并后的合并财报两种。与此相适应，编制合并财报的基本方法有股权集合法和购买法两种。

1.股权集合法

当母公司用自己的普通股票去交换对方几乎全部的普通股，将它变成自己的子公司时一般采用股权集合法。在这种情况下，母公司通过增发自己的普通股来换取子公司全部股票或换取的数额在要求比例以上的股票以实现双方股权的集合，这种处理方法只是双方拥有权的一种联合，而不存在任何意义上的买卖关系。母公司通过发行股票给子公司原来的股东，取得子公司的控股权，而子公司原来的股东则成为母公司的新股东。所以在股权集合法下，母公司的投资额只以子公司净资产账面价值为基础，不考虑各项资产的当时市价，合并财报时只要将它们各自的资产、负债合并列示在一张表中就可以了。

2.购买法

购买法是通过购买子公司发行在外的股票来取得子公司全部或一部分的净资产，从而取得其控制权，在这种情况下，母公司需要以现金、票据或其他形式完成股票支出，而且在取得股权时，其收买价格可能高于或低于子公司净资产的账面价值。当这些情况出现时，如果支出高于账面价值，首先将高出的差额分配给有形资产，但各有形资产所分配的数额仅限于有形资产市价高于其账面价值的部分，若分配后仍有余额，就形成母公司合并报表中的无形资产——商誉。如果支出小于账面价值，首先按比例减少固定资产账面价值，如果固定资产账面价值降为零后，仍然有差额没有分摊，则该差额可作为递延项目，在以后的会计期间摊销完毕。

从会计角度看，股权集合法进行合并时，因母公司无须支付现金或其他资源，所以两公司的资产、负债、收入和费用等的合并，只需以其账面金额为基准；但如果用购买法时，由于发生了买卖交易行为，就应以子公司各项资产、负债的公平市价作为编制合并财报的基础。所以，不同的会计处理方法所编制出来的合并财报，结果是不一样的，企业合并时采用什么方法按规定选择。

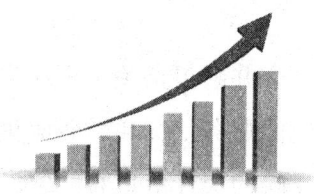

第69招　分析合并财报自身的局限性

合并财报是关于企业集团的财务状况和经营成果的全面汇总表，就了解这一整体财务状况和财务成果而言，该表有非常重大的作用。但也应看到合并财报反映的会计信息有一定的局限性，了解这些局限性，对于财报使用者正确做好决策，有很大帮助。

1. 合并财报无法提供母公司与子公司本身的财务状况和经营成果

合并财报为使用者提供了整个企业集团的财务状况和经营成果信息，但是作为母公司和子公司各自的债权人，不可能从合并财报中取得多少对他有用的资料，因为每个企业都是独立的法人，各企业本身的资产、负债、所有者权益、收入和费用等有用的资料只能通过本身编制的个别财报反映出来。例如，母公司向子公司购进13 000元的商品，款项未付，对于这笔业务，母公司将会形成增加自己的一笔债务，而子公司则会因为该业务形成一笔债权，双方均在各自的财报中披露该信息，但由于这笔业务是企业集团内部发生的购销业务，被抵销后，在合并财报中是无法反映出来的。

因而，通过合并财报，母、子公司的债权人是无法看清母公司与子公司各自的债务状况和偿债能力、经营状况和获利能力的。

2. 根据合并财报资料进行比率分析也会形成错误影响

报表使用者在阅读财报时，习惯于用比率进行分析。如存货周转率、流动比率等。由于各项比率是根据合并财报中的综合数字计算的，所以既不能反映子公司的盈利能力，也不能表明母公司的经营绩效。

例如，母公司流动资产180万元，子公司流动资产50万元，母公司流动负债60万元，子公司流动负债40万元，通过计算可知母公司和子公司的流动比率分别为3.0（180／60）和1.25（50／40），而合并后的流动比率为2.3（230／100）。透过合并流动比率既不能反映母公司较高的流动比率，也没有体现出子公司较低的流动比率。

3. 母公司的股东仅从合并财报中取得的资料也有限

因为合并财报并不把母公司作为主体来反映其财务状况，而是把母、子公司作为一个会计主体来反映，所以揭示不出母公司在子公司的投资占母公司全部资产的比率和母公司其他的一些经济情况，合并报表所揭示的会计数据只能提供整个集团的财务信息，有些数据并无真实的经济意义。

例如，合并资产负债表中的合并资产并不是母公司能动用的可以用来偿还其债务的资产，所反映的负债也并非都需要母公司进行偿付；合并利润表中的利润并不反映母公司的利润，因为在合并利润表中，一般也包括子公司的利润，只是没有特别明显标示出来；但子公司的利润在未经作为股利转给母公司之前是不能作为母公司支配的，也并非母公司现实拥有的，所以作为独立法人，母公司与子公司相应都须编制反映个体情况的财报。

4. 有境外子公司的企业集团所编制的合并财报数据不能反映真实的经济信息

企业集团的子公司如果设在中国境外，其所编报的财报是用当地的货币作为记账本位币编制的，当编制合并财报时，往往需按规定的汇率对不同国家的货币进行折算成人民币金额。

由于在不同的国家和地区，以及不同的时间里，货币的购买力水平是不同的，通过人为的方式，使用单一汇率将多种货币折算为单一货币。在经济上没有什么实际意义，尤其是在外汇市场汇率波动幅度较大时，不能准确列示企业集团的实际情况，容易误导财报阅读者作出错误决策。

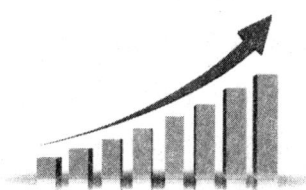

第70招　分析合并财报的特殊信息含量

1. 合并财报可以揭示内部关联方交易的程度

这里的"内部关联方"是指以上市公司为母公司所形成的纳入合并财报编制范围的有关各方。内部关联方交易的特点是：在进行合并财报编制时均被剔除，在合并财报中不予包括。显然，应收款项、存货、长期股权投资、应付款项、营业收入、营业成本、投资收益、利润总额和净利润等项目，合并财报中合并后的数字与母公司个别报表合并前的数字差异越大，越合并数额越小，表明内部关联交易越多。而关联方交易又是上市公司进行盈余管理、内部资金拆借的重要手段，对此应当予以关注。

2.　并财报可以分析、评价企业集团的经济实力和经营业绩

企业控股合并后，进行企业集团的经济活动分析和经营业绩评价，需要以整个集团作为评价基础，集团的财务信息应以合并财报提供的信息为准。因为母公司和子公司、各子公司相互之间发生的许多交易或事项都属于内部交易。从单个企业的角度看，这些交易可视为该企业对外发生的交易，在会计上均可确认收入，计算损益。但从企业集团的角度看，这些交易正像产品在各车间、各分支机构转移一样，利润或损失在企业集团整体范围内并未实现。例如，一个子公司所拥有的期末存货可能是另一个子公司本期售出的存货，这样，从企业集团整体看，期末存货中可能包含了一部分未实现的利润。在这种情况下，若以简单汇总的数字对企业的经济活动与经营业绩进行评价，势必会出现分析结果或评价与客观事实不符的情况。而合并财报站在企业集团的角度，如实反映企业集团的财务状况和经营成果，以此为基础，将有利于客观、公正地分析和评价企业集团的经营活动和经营业绩，得出的分析结论是合乎逻辑的。

下面我们以力合股价（000532）为例，来解读该公司合并财报中的特殊信息（见表70-1）。

表70-1 　　　　　　　　　　　　合并财报中的特殊信息

控股公司名称 企业合并形成的 子公司	珠海清华科技园创业 投资有限公司	力合科技发展有 限公司	珠海华冠电子科技有限 公司
注册地	珠海市	北京市	珠海市
业务性质	商科技企业孵化	电子技术	电容器生产设备
注册资本（元）	166 000 000.00	35 000 000.00	66 176 200.00
期末实际投资额（元）	95 131 147.14	13 984 967.27	42 880 000.00
直接持股比例	57.15%	63.14%	38.05%
间接持股比例	–	32.57%	13.60%
表决权比例	57.15%	95.71%	51.65%

　　结合该公司董事会2008年度内发布的有关公告可知，公司原直接持有力合科技发展有限公司（简称"力合科技"）54.48%股权，控股子公司珠海清华科技园创业投资有限公司原持有力合科技28.20%股权，经力合科技2008年度第四次临时股东会决议和第三次临时董事会决议通过，公司减少注册资本1500万元，并根据2008年5月31日公司评估的净资产金额与减少的注册资本金额比例支付了相应的减资款，公司及控股子公司应分别收回减资款6 028 025.95元和3 167 181.39元，减资后公司直接持有力合科技63.14%的股权，公司之控股子公司珠海清华科技园创业投资有限公司持有力合科技32.57%股权。

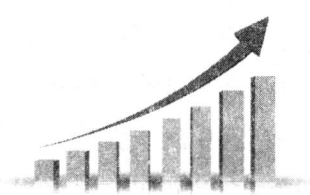

第71招　分析合并财报中的特殊项目

与个别财报相比，合并财报中新增了一些特殊项目。正确理解这些项目的含义是解读合并财报所必需的。

1. 合并资产负债表

合并资产负债表的格式在个别资产负债表基础上主要增加了四个项目。一是在"开发支出"项目下增加"商誉"项目，用于反映企业合并中取得的商誉，即在控股合并下母公司对子公司的长期股权投资与其在子公司所有者权益中享有份额之间抵销后的借方差额。二是在所有者权益项目下增加"外币报表折算差额"、"归属于母公司所有者权益合计"和"少数股东权益"项目，分别用于反映境外经营的资产负债表折算为母公司记账本位币表示的资产负债表时所发生的折算差额、非全资子公司所有者权益中属于母公司的份额和少数股东的份额。

2. 合并利润表

合并利润表的格式在个别利润表的基础上主要增加了两个项目，即在"净利润"项目下增加"归属于母公司所有者的净利润"和"少数股东损益"两个项目，分别反映净利润中由母公司所有者享有的份额和非全资子公司当期实现的净利润中属于少数股东权益的份额。在属于同一控制下企业合并增加子公司当期的合并利润表中，还应在"净利润"项目之下增加"其中：被合并方在合并日以前实现的净利润"项目，用于反映同一控制下企业合并中取得的被合并方在合并当期期初至合并日实现的净利润。

3. 合并现金流量表中有关少数股东权益项目的反映

合并现金流量表编制与个别现金流量表相比，一个特殊的问题是在子公司为非全资子公司的情况下，涉及子公司与其少数股东之间的现金流入和现金流出的处理问题。对于子公司的少数股东增加在子公司中的权益性资本投资，在合并现金流量表中应当在"筹资活动产生的现金流量"之下的"吸收投资收到的现金"项目下设置"其中：子公司吸收少数股东投资收到的现金"项目反映；对于子公司向少数股东支付现金股利（或利润），在合并现金流量表中应当在"筹资活动产生的现金流量"之下的"分配股利、利润或偿付利息支付的现金"项目下单设"其中：子公司支付给少数股东的股利（利润）"项目反映。

　　下面我们以白云山A（000522）为例，来列示该公司合并财报中的少数股东权益（见表71-1）。

表71-1　　　　　　　合并财报中的少数股东权益情况　　　单位：元

项　目	年初金额	本期少数股东损益增减	其他增减	期末金额
少数股东权益				
（1）广州白云山天心制药股份有限公司	27 816 003.46	3 577 535.03	-3 219 781.53	28 173 756.96
（2）广州白云山光华制药股份有限公司	14 454 395.13	161 105.39	-144 994.86	14 470 505.66

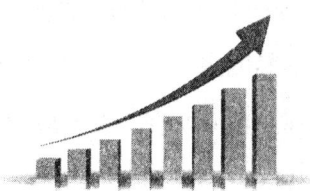

第72招　合并财报的抵销项目分析

合并财报是企业集团对联属公司进行纵横交错和网络式的汇总。合并而成的企业集团根据控股权原则决定合并财报的不同会计方针政策，其编表技术方法很复杂，有股权集合法、成本法、权益法以及联营法和购买法等不同的方式。所以很多财报阅读者一提起合并报表，都觉得高深莫测，不敢或不愿仔细阅读分析。实际上，合并财报难在编制上，而要读懂财报，分析利用其提供的信息并不是一件困难的事。

只要分析阅读者能读懂一般企业的个别财报，再联系合并财报的基本原理及特点，是完全可以读懂合并财报的。

合并财报在编制时，有一个非常重要的环节，即将母公司与子公司、子公司与子公司之间的内部经济交易与经济往来事项进行抵销，以消除资产负债和资本等的重复计算，但应抵销哪些项目，这不仅是报表编制者必须掌握的基本原理，而且也是分析阅读者需要了解的基础。编制合并财报应抵销的项目有如下几项。

1. 合并企业之间的投资项目

母公司对子公司的投资，形成子公司的资本，成员企业在编制各自的报表时，已将这部分资本包括在各自的资本总额内。如果在合并时，只是将母公司资产负债表上的资本数额与子公司资产负债表的资本数额简单相加，就会造成资本总额的虚增，所以企业集团在编制合并报表时，应将这种业务通过特定方法相互抵销。

2. 合并企业之间的债权与债务项目

母公司与子公司以及子公司与分公司之间的应收应付款项，属于企业集团的内部往来，从整个企业集团的角度看，这些应收应付款项并不属于集团整体的债权债务。如果将这些款项简单相加，就会造成重复计算，故母公司在编制合并财报时，也需将这些项目相互抵销。

3. 合并企业之间的进销交易项目

母公司与子公司之间的购货、销货业务，会相应增加个体的营业收入或营业成本以及形成某一方的营业利润。但从企业集团整体来看，这是资产在企业集团内部之间作等额流转，而并非对外实现购销业务，对企业实际利润不会产生任何影响，因此不应作为企业集团销售收入的一部分，应该相互抵销。

4. 企业集团内部之间发生的费用收支项目

企业集团成员在内部往来时，经常会伴随着发生费用收付。例如，子公司向母公司购买产品时，支付运输费，从表面上看，子公司发生费用支出，母公司收入了费用，但从企业集团整体来看，既没有增加费用支出，也没有增加费用收入，这反映在合并资产负债表中的"银行存款"项目的合并数并无增减，诸如此类内部之间的费用、收支，不会影响企业总体的利润，因此，在编制合并财报时，这类项目也应相互抵销，以免产生假象。

5. 企业集团内部之间的投资收益项目

母公司从子公司实际取得的投资收益和子公司向母公司实际支出的股利或者母公司的投资账户如采用权益法记账时，利润中包含的净收益，均不能直接作为合并数额反映到合并财报中，应相互抵销。除此之外，企业集团内部相互持有的债券，一方为债权，另一方为债务，为了正确反映合并整体的财务状况，也应将持有的这类债券相互抵销，同时对其相应的债券利息收入和利息支出也相互抵销。

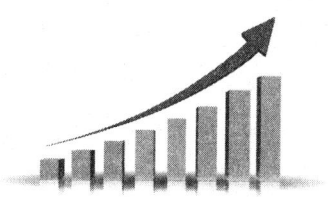

财报综合分析

第73招　综合分析与业绩评价的目的与内容

1. 综合分析与业绩评价的目的

财务分析从盈利能力、营运能力和偿债能力角度对企业的经营活动、投资活动和筹资活动状况进入了深入，细致的分析，以判明企业的财务状况和经营业绩，这对于企业是十分有益的。但前述财务分析通常是从某一特定角度，就企业某一方面的经营活动所做的分析，这种分析不足以全面评价企业的总体财务状况和财务成效，很难对企业总体财务状况和经营业绩的关联性作出综合结论。为弥补财务分析的这一不足，有必要在财务能力单项分析的基础上，将有关指标按其内在联系结合起来进行综合分析。

业绩评价是指在综合分析的基础上，运用业绩评价方法对企业财务状况和经营成果所做的综合结论。业绩评价以财务分析为前提，财务分析以业绩评价为结论，离开业绩评价财务分析就没有太大的意义。前述财务分析都曾在分析的基础上作出了相应的评价，但那只是就单项财务能力所做的评价，其结论具有片面性，只有在综合分析的基础上进行业绩评价，才能从整体上相互联系地全面评价企业的财务状况及经营成果。

综合分析与业绩评价的目的在于：

第一，通过综合分析评价明确企业财务活动与经营活动的相互关系，找出制约企业发展的因素。

第二，通过综合分析评价全面评价企业财务状况及经营业绩，明确企业的经营水平、位置及发展方向。

第三，通过综合分析评价为企业利益相关者进行投资决策提供参考。

第四，通过综合分析评价为完善企业财务管理和经营管理提供依据。

2. 综合分析与业绩评价的内容

根据上述综合分析与业绩评价的意义和目的，综合分析与业绩评价至少应包括以下两方面内容。

（1）财务目标与财务环节相互关联综合分析评价。企业财务目标是资本增值最大化。资本增值的核心在于资本收益能力的提高，而资本收益能力受企业各方面、各环节财务状况的影响。本部分分析正是要以净资产收益率为核心，并通过对净资产收益率的分解，找出企业经营各环节对其影响关系与程度，从而综合评价企业各环节及各方面的经营业绩。杜邦财务分析体系是进行这一分析的最基本方法。

（2）企业经营业绩综合分析评价。虽然财务目标与财务环节的联系分析可以解决单项指标分析或单方面分析给评价带来的困难，但由于没能采用某种计量手段给相互关联指标以综合评价，因此，往往难以准确得出公司经营业绩改善与否的定量结论。企业经营业绩综合分析评价正是从解决这一问题出发，利用业绩评价的不同方法对企业经营业绩进行量化分析，最后得出企业经营业绩评价的唯一结论。

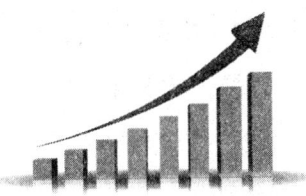

第74招　杜邦财务综合分析

杜邦财务分析体系亦称杜邦财务分析法，是指根据各主要财务比率指标之间的内在联系，建立财务分析指标体系，综合分析企业财务状况的方法。由于该指标体系是由美国杜邦公司最先采用的，故称杜邦财务分析体系。杜邦财务分析体系的特点，是将若干反映企业盈利状况、财务状况和营运状况的比率按其内在联系有机地结合起来，形成一个完整的指标体系，并最终通过净资产收益率（或资本收益率）这一核心指标来综合反映。

在杜邦财务分析体系中，包含了几种主要的指标关系，可以分为两大层次。

第一层次包括：

（1）净资产收益率的分解。

净资产收益率=总资产净利率×业主权益乘数

即：（净利润/净资产）×100%=［（净利润/总资产）×100%］×（总资产/净资产）

（2）总资产净利率的分解。

总资产净利率=销售净利率×总资产周转率

即：（净利润/总资产）×100%=［（净利润/营业收入）×100%］×（营业收入/总资产）

以上关系表明，影响净资产收益率最重要的因素有三个，即：

净资产收益率=销售净利率×总资产周转率×业主权益乘数

第二层次包括：

（1）销售净利率的分解。

销售净利率=（净利润/营业收入）×100%=（总收入-总成本费用）/营业收入

（2）总资产周转率的分解。

总资产周转率=营业收入/总资产=营业收入/（流动资产+非流动资产）

杜邦财务分析体系为进行企业综合分析提供了极具价值的财务信息：

第一，净资产收益率是综合性最强的财务指标，是企业综合财务分析的核心。这一指标反映了投资者投入资本获利能力的高低，体现出了企业经营的目标。从企业财务活动和经营活动的相互关系上看，净资产收益率的变动取决于企业的资本经营、资产经营和商品经营。所以，净资产收益率是企业财务活动效率和经营活动效率的综合体现。

第二，总资产周转率是反映企业营运能力最重要的指标，是企业资产经营的结果，是实现净资产收益率最大化的基础。企业总资产由流动资产和非流动资产组成，流动资产体现企业的偿债能力和变现能力，非流动资产体现企业的经营规模、发展潜力和盈利能力。各类资产的收益性又有较大区别，如现金、应收账款几乎没有收益。所以，资产结构是否合理以及营运效率高低是企业资产经营的核心问题，并最终影响到企业的经营业绩。

第三，销售净利率是反映企业商品经营盈利能力最重要的指标，是企业商品经营的结果，是实现净资产收益率最大化的保证。企业从事商品经营，目的在于获利，其途径只有两条：一是扩大营业收入；二是降低成本费用。

第四，业主权益乘数既是反映企业资本结构的指标，也是反映企业偿债能力的指标，是企业资本经营，即筹资活动的结果，它对提高净资产收益率起到杠杆作用。适度开展负债经营，合理安排企业资本结构，可以提高净资产收益率。

下面我们以2008年年末白云山A（000522）财报为例，用最简单的杜邦财务模型来分析如下：

净资产收益率=净利润/净资产=9.49%

净利润率=净利润/收入=2.9%

同时，总资产周转率=收入/总资产=0.95

权益乘数=总资产/净资产=3.41

这三个指标相乘正好等于净资产收益率。

这说明净资产收益率的水平可以从以上三个指标上反映出来。

第75招　企业经营业绩综合评价

进行企业经营业绩综合评价通常可采用综合指数法和综合评分法，即通过计算企业经营业绩综合指数或综合分数，反映企业总体经营业绩水平的高低。

1. 经营业绩评价综合指数法

运用综合指数法进行业绩评价的一般程序或步骤包括：选择业绩评价指标，确定各项指标的标准值，计算指标单项指数，确定各项指标的权数，计算综合经济指数，评价综合经济指数。

（1）选择经营业绩评价指标。进行经营业绩评价的首要步骤是正确选择评价指标，指标选择要根据分析的目的和要求，考虑分析的全面性、综合性。财政部颁布的企业经济效益评价指标体系中选择的经济效益指标包括三个方面的十项指标。

第一方面，反映盈利能力和资本保值增值指标。反映盈利能力的指标主要有三个，即：

（1）销售（营业）利润率，反映企业营业收入的获利水平，其计算公式为：

销售利润率=（利润总额/营业收入）×100%

（2）总资产报酬率，用于衡量企业运用全部资产获利的能力，其计算公式为：

总资产报酬率=［（利润总额+利润支出）/平均资产总额］×100%

其中：

平均资产总额=（期初资产总额+期末资产总额）/2

（3）资本收益率，指企业运用投资者投入资本获得收益的能力，其计算公式为：

资本收益率=（净利润/实收资本）×100%

反映企业资本保值增值能力的指标是资本保值增值率，即资本保值增值率，主要反映企业投资者投入资本的完整性和保全性，其计算公式为：

资本保值增值率=（期末所有者权益总额/期初所有者权益总额）×100%

该指标等于100%为资本保值，该指标大于100%为资本增值。

第二方面，反映资产负债水平和偿债能力指标。反映企业资产负债水平和偿债能力的指标有四个，即：

（1）资产负债率，可用于衡量企业负债水平高低情况，其计算公式为：

资产负债率=（负债总额/资产总额）×100%

（2）流动比率或速动比率，流动比率是衡量企业在某一时点偿付即将到期债务的能力，其计算公式为：

流动比率=（流动资产/流动负债）×100%

速动比率是衡量企业在某一时点上运用随时可变现资产偿付到期债务的能力，其计算公式为：

流动比率=（速动资产/流动负债）×100%

其中：

速动资产=流动资产−存货

（3）应收账款周转率，是用于衡量企业应收账款周转速度快慢的指标，其计算公式为：

应收账款周转率=（赊销净额/平均应收账款余额）×100%

其中：

平均应收账款余额=（期初应收账款余额+期末应收账款余额）/2

赊销净额=营业收入−现销收入−销售退回、折扣、折让

由于企业赊销资料作为商业机密不对外公布，所以应收账款周转率公式中的分子一般用赊销和现销总额，即营业收入。

（4）存货周转率，用于衡量企业在一定时期内存货资产的周转速度，是反映企业的购、产、销平衡效率的一种尺度，其计算公式为：

存货周转率=（营业成本/平均存货成本）×100%

其中：

平均存货成本=（期初存货成本+期末存货成本）/2

　　第三方面，反映企业对国家或社会贡献水平指标。反映企业对国家或社会贡献水平的指标有两个，即：

　　（1）社会贡献率，可用于衡量企业运用全部资产为国家或社会创造或支付价值的能力，其计算公式为：

　　社会贡献率=（企业社会贡献总额/企业平均资产总额）×100%

　　其中：企业社会贡献总额包括工资（含奖金、津贴等工资性收入）、劳保退休统筹及其他社会福利支出、利息支出净额、应交增值税、应交主营业务税金及附加、应交所得税、其他税收和净利润等。

　　（2）社会积累率，可用于衡量企业社会贡献总额中有多少用于上交国家财政，其计算公式为：

　　社会积累率=（上交国家财政总额/企业社会贡献总额）×100%

　　其中：上交国家财政总额包括应交增值税、主营业务税金及附加、应交所得税和其他税收等。

　　（3）确定各项业绩指标的标准值。业绩评价指标标准值可根据分析的目的和要求确定，可用某企业某年的实际数，也可用同类企业、同行业或部门的平均数，还可用国际标准数。一般地说，当评价企业经营计划完成情况时，可以企业计划水平为标准值；当评价企业经营业绩水平变动情况时，可以企业前期水平为标准值；当评价企业在同行业或在全国或国际上所处地位时，可用行业标准值或国家标准值或国际标准值。从财政部设计这十个指标角度考虑，标准值的确定主要参考以下两方面：一是适当参照国际通用标准，如流动比率为200%、速动比率为100%、资产负债率为50%等，但考虑到我国整体效益水平偏低，与国际上发达国家差距较大，国际通行标准值仅是一个参考依据。二是参考我国企业在近三年的行业平均值。

　　（4）计算各项业绩指标的单项指数。单项指数是指各项经济指标的实际值与标准值之间的比值，其计算公式为：

　　单项指数=某指标实际值/该指标标准值

　　这一单项指数计算公式适用于经济指标为纯正指标或纯逆指标，如果为正指标，单项指数越高越好；如果为逆指标，则单项指数越低越好。如果某经济指标既不是纯正指标，又不是纯逆指标，如资产负债率、流动比率、速动比率等，对于这种指标，其单项指数可按下式计算：

单项指数=［（标准值-实际值与标准值查额的绝对值）/标准值］×100%

例如，假设流动比率的标准值为200%，则当流动比率实际值为220%时，其单项指数为：

单项指数=［200%-（220%-200%）］/200%×100%=90%

2. 经营业绩评价综合评分法

运用综合评分法或功效系数法的一般程序或步骤包括：选择业绩评价指标，确定各项业绩评价指标的标准值，确定各项业绩评价指标的权数，计算各类业绩评价指标得分，计算经营业绩综合评价分数，确定经营业绩综合评价等级。

（1）选择业绩评价指标。进行经营业绩综合分析的首要步骤是正确选择评价指标，指标选择要根据分析目的和要求，考虑分析的全面性、综合性。根据2006年国务院国有资产监督管理委员会颁布的实施细则，选择的企业综合绩效评价指标包括22个财务绩效定量评价指标和8个管理绩效定性评价指标，具体见表75-1。

表75-1　　　　　　　　企业综合绩效评价指标体系

评价指标类别	财务绩效定量评价指标		管理绩效定性评价指标
	基本指标	修正指标	
一、盈利能力状况	净资产收益率 总资产报酬率	销售（营业）利润率 盈余现金保障倍数 成本费用利润率 资本收益率	战略管理 发展创新 经营决策 风险控制 基础管理 人力资源 行业影响 社会贡献
二、资产质量状况	总资产周转率 应收账款周转率	不良资产比率 流动资产周转率 资产现金回收率	
三、债务风险状况	资产负债率 已获利息倍数	速动比率 现金流动负债比率 带息负债比率 或有负债比率	
四、经营增长状况	销售（营业）增长率 资本保值增值率	销售（营业）利润增长率 总资产增长率 技术投入比率	

第一，财务绩效基本指标及其计算。

其一，净资产收益率，指企业运用投资者资本获得收益的能力。其计算公式为：

净资产收益率=（净利润/平均净资产）×100%

其中：

平均净资产=（期初所有者权益+期末所有者权益）/2

其二，总资产报酬率，用于衡量企业运用全部资产获利的能力。其计算公式是：

总资产报酬率=［（利润总额+利息支出）/平均资产总额］×100%

其中：平均资产总额=（期初资产总额+期末资产总额）/2

其三，总资产周转率，指企业在一定时期营业收入与平均资产总额的比值，是综合评价企业全部资产经营质量和利用效率的重要指标。其计算公式为：

总资产周转率=（营业收入/平均资产总额）×100%

其四，应收账款周转率，指企业一定时期营业收入与应收账款平均余额之比。其计算公式为：

应收账款周转率=（营业收入/应收账款平均余额）×100%

其中

应收账款平均余额=（年初应收账款余额+年末应收账款余额）/2

应收账款余额=应收账款净额+应收账款坏账准备

其五，资产负债率，可用于衡量企业负债水平与偿债能力的情况。其计算公式为：

资产负债率=（负债总额/资产总额）×100%

其六，已获利息倍数，指息税前利润与利息支出之间的比率，可用于衡量企业的偿债能力。其计算公式为：

已获利息倍数=（利润总额+利息支出）/利息支出

其七，销售（营业）增长率，是反映企业销售（营业）收入增长情况的指标。其计算公式为：

销售（营业）增长率=［（本年营业收入–上年营业收入）/上年营业收入］×100%

其八，资本保值增值率，可用于衡量企业所有者权益的保持和增长幅度。其计算公式为：

资本保值增值率=（扣除客观增减因素的年末所有者权益/年初所有者权益）×100%

第二，财务绩效修正指标及其计算。

其一，销售（营业）利润率=（营业利润/营业收入）×100%

其二，盈余现金保障倍数=（经营现金净流量/净利润）×100%

其三，成本费用利润率=（利润总额/成本费用总额）×100%

其中：成本费用总额=营业成本+营业税金+营业费用+管理费用+财务费用

其四，资本收益率=（净利润/平均资本）×100%

其中：平均资本=［（年初实收资本+年初资本公积）+（年末实收资本+年末资本公积）］/2

其五，不良资产比率=［（资产减值准备余额+应提未提和应摊未摊的潜亏挂账+未处理资产损失）/（资产总额+资产减值准备余额）］×100%

其六，流动资产周转率=（营业收入/平均流动资产余额）×100%

其中：平均流动资产余额=（年初流动资产总额+年末流动资产总额）/2

其七，资产现金回收率=（经营现金净流量/平均资产总额）×100%

其八，速动比率=（速动资产/流动负债）×100%

其中：速动资产=流动资产-存货

其九，现金流动负债比率=（经营现金净流量/流动负债）×100%

其十，带息负债比率=［（短期借款+一年内到期的长期负债+长期借款+应付债券+应付利息）/负债总额］×100%

其十一，或有负债比率=（或有负债余额/所有者权益）×100%

其中：或有负债余额=已贴现承兑汇票+担保余额+贴现与担保外的被诉事项金额+其他或有负债

其十二，销售（营业）利润增长率=［（本年营业利润-上年营业利润）/上年营业利润］×100%

其十三，总资产增长率=［（年末资产总额-年初资产总额）/年初资产总额］×100%

其十四，技术投入比率=（本年科技支出合计/营业收入）×100%

（2）确定各项经济指标的标准值及标准系数。为了准确评价企业经营业绩，对各项经济指标标准值的确定，根据企业类型不同及指标分类情况规定了不同的标准。

财务绩效基本指标标准值及标准系数。基本指标评价的参照水平即标准值由财政部定期颁布，分为五档，即优秀、良好、平均、较低及较差。不同行业、不同规模的企业有不同的标准值。

（3）确定各项经济指标的权数。指标的权数根据评价目的和指标的重要程度确定。

（4）各类指标得分计算。

第一，财务绩效基本指标得分计算。基本指标反映企业的基本情况，是对企业绩效的初步评价。它的计分是按照功效系数法计分原理，将评价指标实际值对照行业评价标准值，按照规定的计分公式计算各项基本指标得分。其计算公式为：

其一，财务绩效单项指标得分的计算。

单项基本指标得分=本档基础分+调整分

其中：

本档基础分=指标权数×本档标准系数

调整分=功效系数×（上档基础分–本档基础分）

上档基础分=指标权数×上档标准系数.

功效系数=（实际值–本档标准值）/（上档标准值–本档标准值）

本档标准值是指上下两档标准值中居于较低等级的一档。

其二，财务绩效基本指标总分的计算。

分类指标得分=∑类内各项基本指标得分

基本指标总分=∑各类基本指标得分

第二，财务绩效修正指标修正系数计算。对基本指标得分的修正，是按指标类别得分进行的，需要计算"分类的综合修正系数"。分类的综合修正系数，由"单项指标修正系数"加权平均求得；而单项指标修正系数的大小主要取决于基本指标评价分数和修正指标实际值两项因素。

其一，单项指标修正系数的计算。单项指标修正系数的计算公式为：

单项指标修正系数=1.0+（本档标准系数+功效系数×0.2-该类基本指标分析系数）

单项指标修正系数控制修正幅度为0.7～1.3。

其二，分类综合修正系数的计算。

分类综合修正系数=∑类内单项指标的加权修正系数

其中，单项指标加权修正系数的计算公式为：

单项指标加权修正系统=单项指标修正系数×该项指标在本类指标中的权数

其三，修正后得分的计算。

修正后总分=∑（分类综合修正系数×分类基本指标得分）

（5）管理绩效定性指标的计分方法。

第一，管理绩效定性指标的内容。管理绩效定性评价指标的计分一般通过专家评议打分形式完成，聘请的专家应不少于7名；评议专家应当在充分了解企业管理绩效状况的基础上，对照评价参考标准，采取综合分析判断法，对企业管理绩效指标作出分析评议，评判各项指标所处的水平档次，并直接给出评价分数。

第二，单项评议指标得分。单项评议指标分数=∑（单项评议指标权数×各评议专家给定等级参数）/评议专家人数

第三，评议指标总分的计算。

评议指标总分=∑单项评议指标分数

（6）综合评价得分计算。在得出财务绩效定量评价分数和管理绩效定性评价分数后，应当按照规定的权重，耦合形成综合绩效评价分数。其计算公式为：

企业综合绩效评价分数=财务绩效定量评价分数×70%+管理绩效定性评价分数×30%

在得出评价分数以后，应当计算年度之间的绩效改进度，以反映企业年度之间经营绩效的变化状况。其计算公式为：

绩效改进度=本期绩效评价分数／基期绩效评价分数

绩效改进度大于1，说明经营绩效上升；绩效改进度小于1，说明经营绩效下滑。

（7）确定综合评价结果等级。企业综合绩效评价结果以85、70、50、40分作为类型判定的分数线。

下面我们以2008年年末白云山A（000522）的财报为例，列示其有关经营能力的财务指标（见表75-2）。

表75-2　　　　　　　　　　经营能力的财务指标分析

财务指标（单位）	2009-09-30	2008-12-31	2007-12-31	2006-12-31
存货周转率（%）	2.99	3.80	3.62	4.04
应收账款周转率（%）	7.79	10.37	11.01	11.60
总资产周转率（%）	0.72	0.95	0.93	1.00
主营业务收入增长率（%）	1.48	1.73	-7.62	-0.42
营业利润增长率（%）	-23.80	-62.74	72.19	-37.00
税后利润增长率（%）	2.48	-41.83	91.29	56.65
净资产增长率（%）	8.27	7.59	26.37	-12.49
总资产增长率（%）	-1.17	2.33	-3.46	2.22

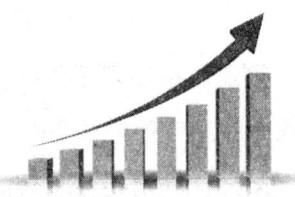

第76招　趋势分析和预测分析的目的

趋势分析是财报分析的基本方法，是指通过观察企业连续数期的财报，在运用一定的方法比较各期有关项目金额的基础上，确定各项目的增减变动及发展趋势，并对各项目在未来可能出现的结果作出预测的一种分析方法。通过趋势分析，分析人员不仅可以评判企业各项指标在过去连续几个会计年度或会计期间的变动及其合理性，发现企业在经营中取得的成绩及存在的问题，而且可以依据各项目的变动趋势对企业的未来发展进行预测。预测分析是财务分析估价企业未来职能的延伸。它是根据企业过去一段时期财务活动所形成的历史资料，结合企业现在所处的外部环境和自身状况，考虑企业的发展趋势，由专门人员通过主观判断或定量分析，对企业未来的财务状况和经营成果作出判断、预计和估算的行为，其核心是对企业未来的发展前景进行较为精确的估算。一般来说，公司、证券分析师、投资顾问、证券评级机构等是预测分析的主体，他们往往通过对本公司或特定公司的未来发展进行预测，以评估其真实价值，满足自身决策的需要。进行趋势分析和预测分析的目的在于如下方面。

1. 发现企业发展的趋势及规律

事物的发展是有一定规律可循的。找出这些规律，遵照规律进行合理的推断，有助于对事物的未来发展作出合理的估计和判断。通过对企业连续数期的财务指标进行趋势分析，经营者、投资者和债权人等财务分析人员既可以发现企业经营所取得的成绩及存在的问题，明确以后工作的方向和重点，又可以得到各项指标发展变动的趋势及规律，为预测企业的未来奠定基础。

2. 为财务预警、帮助企业及时防范和化解风险提供依据

企业在经营过程中，随时都可能受到各种不利因素的侵袭，从而引发财务危机。财务危机的发生将给企业带来灾难性的损失，甚至破产。但实际上，任何企业危机的发生都是一个逐渐恶化的过程，如果能够及早察觉财务危机的信号，预测企业的财务失败，在财务危机处于萌芽状态时就采取有效措施改善管理，财务危机是可以避免的。在此过程中，趋势分析和预测分析发挥着重要作用。两者能够发现企业财务风险的运动规律，能够监测、识别、判断企业存在的财务隐患及其发展趋势，从而为企业及时防范和化解风险提供第一手的资料，保证企业的财务系统安全、良好地运行。

3. 为正确财务决策的作出提供依据

财务决策与企业的未来相关联。随着市场经济的迅速发展、经济环境的不断变化，企业经营中的不确定因素越来越多，有关企业未来发展的信息比历史信息对决策者更为重要。趋势分析、预测分析，正是基于对企业过去、现在的了解和把握，对企业未来经营中的不确定性进行判断，对企业的发展趋势和前景进行较为准确的预计和估算，从而增进决策者对企业未来的了解，减少决策过程中的不确定事项，为正确经营决策的作出提供依据。债权人可以借助预测评估企业偿还借款的可能性，以决定是否向企业提供资金；投资者可以借助预测判断被投资公司能否实现资本的保值增值，获取更大收益，以决定是否向该公司注入资金或购买该公司股票。

4. 为编制财务预算、进行财务控制提供资料

财务预算与财务控制是财务管理也是企业管理的两项重要职能，两者共同保证了企业战略目标的实现。其中，财务预算是财务控制的基础和标准，财务控制的直接目标是保证企业各项收入成本费用的发生按照预算进行。预算的制定是否科学、先进、可行，决定了企业的财务控制是否有效、企业的发展目标能否实现以及实现的程度如何。切实有效的预测，使企业对未来的财务活动有较为准确的分析和判断，能够帮助企业作出科学、先进、可行的财务预算，保证财务控制有章可循，推动企业目标顺利实现。

5. 为评估企业价值奠定基础

持续经营的企业之所以有价值，关键就在于它拥有的资产能够在未来产生

收益，无论这种收益体现为现金、净利润还是其他形式。所以，对企业价值的评估离不开对企业未来收益的预测，离不开对企业未来资产、负债、所有者权益、收入、费用、利润和现金流量等项目的预测。财务预测提供了评估企业价值所需的各项资料，是评估企业价值的前提和基础。

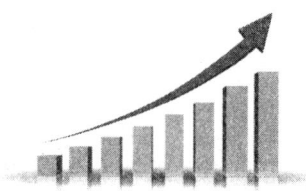

第77招　趋势分析和预测分析的内容

无论是发现企业发展趋势和规律的趋势分析，还是对企业生产经营活动的未来发展进行预计和测算的预测分析，都是对企业财务状况和经营成果进行的全面分析。具体来说，包括利润表的趋势与预测分析、资产负债表的趋势与预测分析、现金流量表的趋势与预测分析和所有者权益变动表的趋势与预测分析四方面的内容。

1. 利润表的趋势与预测分析

利润表是反映企业一定时期生产经营成果的会计报表，它揭示了企业收益的来源。利润表趋势与预测分析就是对企业收益的增减变动情况及其未来发展趋势进行的分析，这一分析的重心是对企业利润的增减变动及未来发展进行分析与预测，本质则是对企业收入、成本费用项目进行分析与预测。利润表预测分析还是整个预测分析的起点。

2. 资产负债表的趋势与预测分析

资产负债表是反映企业特定时点财务状况的会计报表，其中的资产项目是企业获取收益的物质基础，负债及所有者权益则揭示了企业取得各项资产的资金来源。资产负债表趋势与预测分析是对企业财务状况的增减变动情况及其未来发展的分析，即对企业拥有的资产、承担的债务、形成的所有者权益在不同时点的增减变动及未来某一时点的发展状况进行分析。

3. 现金流量表的趋势与预测分析

现金流量表是综合反映企业一定会计期间内现金来源、运用及其增减变动情况的会计报表。基于现金流量在现代企业管理中的重要地位，对企业经营、投资、筹资等财务活动产生的净现金流量进行的趋势与预测分析是整个趋势与预测分析的核心，预测现金流量表更集中体现了上述活动产生现金流量的结果与能力。

4. 所有者权益变动表的趋势与预测分析

所有者权益变动表反映了一定会计期间所有者权益的各组成项目的增减变动，对所有者权益变动表进行的趋势与预测分析是整个趋势与预测分析的终点。通过分析，能够发现所有者权益的各组成项目在报告期内的增减变动原因及其趋势，进而能够估算出未来会计年度的增减变动，从而反映公司在实现资本保值增值方面的业绩、能力与不足，帮助企业经营者、现有股东与潜在投资者作出正确的决策。

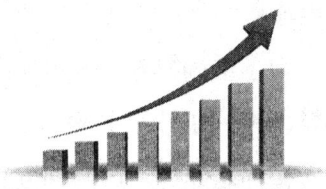

第78招　财报趋势分析

在进行趋势分析时，可以直接将所分析财报项目连续几年的数据放在一起，编制一张趋势分析表。通过观察表内各项目绝对值的增减变动，分析发现表内项目的变动趋势和规律，为财务决策提供有用的信息。

为了准确判断公司获利能力的相对增减变动，还需要根据趋势分析表中的资料，进一步计算各项目变动的趋势百分比。此时，使用的方法有两种：定比分析和环比分析。这两种方法也是进行趋势分析的主要方法。

1. 定比分析

所谓定比，是指选定某一会计期间作为基期，然后将其余各期与基期进行比较，从而通过计算得到的趋势百分比。这些比值往往按照时间先后顺序列示在一张分析表中。定比分析就是通过观察表内的这些定比指标，确定所分析项目的变动趋势及发展规律的一种分析方法。

2. 环比分析

所谓环比，是指将各项目的本期数与上期数相比而得到的趋势百分比。这些比值同样按照时间先后顺序列示在一张分析表中。环比分析就是通过对环比指标的分析，确定和评价表内各项目变动情况及其趋势的一种分析方法。

下面我们以城投控股（600649）为例来运用定比、环比结合的方法分析其2009年半年报收入成本（见表78-1）。

表78-1   半年报收入成本分析

分行业或分产品	营业收入（元）	营业成本（元）	营业利润率（%）	营业收入比上年增减（%）	营业成本比上年增减（%）	营业利润比上年增减（%）
水务处理	466 528 247.58	263 756 301.36	43.46	−3.01	−6.78	增加2.29个百分点
油品销售	144 607 474.19	138 729 285.59	4.06	−22.48	−24.13	增加2.08个百分点
环保处理业务	150 917 933.09	111 699 674.47	25.99	8.37	1.10	增加5.32个百分点
房地产业务	465 003 403.50	237 443 821.65	48.94	72.67	23.05	增加20.59个百分点
排管工程	108 059 773.53	77 776 555.12	28.02	56.77	153.78	减少27.51个百分点

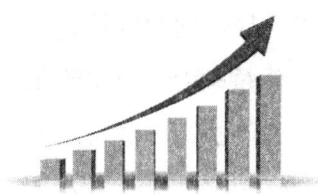

第79招　财报预测分析

财报预测方法实质上是对利润表、资产负债表、现金流量表和所有者权益变动表内的项目进行判断、预计和估算的方法，包括定量分析法和定性分析法两大类。前者建立在经验判断、逻辑思维和逻辑推理基础上，通过判断事物具有的各项因素、属性，利用直观的材料，依靠个人经验的综合分析，对事物的未来状况进行预测；后者根据历史数据找出其内在规律，通过分析事物各项因素、属性间的数量关系，运用数学运算对事物未来状况进行量化预测。在实际工作过程中，两类预测方法不是完全排斥，而是相互补充的。两者的有机结合，能够提高预测结果的准确性和合理性。下面重点对定量分析法中的平滑指数法和固定比例计算法进行介绍。

1. 平滑指数法

平滑指数法又称指数平滑法，是根据上一时期的观测值和预测值，利用平滑指数预测本期预测值的一种预测方法。其计算公式为：

下期预测值$F_i = a A_{i-1} + (1-a) F_{i-1}$

其中：

A_{i-1}——上期观察值；

F_{i-1}——上期预测值；

a——平滑指数。

此方法运用的关键在于平滑指数的确定。平滑指数是一个经验数值，取值范围一般在0.3～0.7之间，具体取何值则视具体情况而定。在其他因素不变时，平滑指数越大，近期实际值对预测结果的影响越大；反之，则越小。所以，采用较大的平滑指数，将会使此方法得到的预测结果反映预测值新近的变动趋势；采用较小的平滑指数，则会使预测结果反映预测值变动的长期趋势。因此，在一般情况下，如果预测对象波动较大或进行短期预测，可以考虑选择较大的平滑指数；如果预测对象波动较小或进行长期预测，则应考虑选择较小的平滑指数。

此方法主要用于对企业未来营业收入、成本费用发生额的预测。

2. 固定比例计算法

固定比例计算法较为简单，它是利用某些相关指标之间存在的固定不变的比例关系来进行预测的一种方法。例如，当企业单位固定资产的生产能力必须占用一定数量的存货时，预测人员便可以根据固定资产生产能力与存货资金之间的这种比例关系，结合企业未来固定资产的生产规模预测未来的存货资金占用量。

此外，随着科学技术的发展、信息技术的进步，计算机在财务预测领域得到越来越广泛的应用。使用计算机进行财务预测，可以随时将预测对象的影响因素输入到设计好的预测模型中，由计算机进行具体运算，这样既能快速得到预测信息，又可以减轻预测人员的工作量，还可以提高预测的速度和运算结果的准确性。在使用计算机进行预测时，预测软件的选择十分关键。目前，常用的财务预测软件有三类：电子表软件、交互式财务预测模型和综合数据库财务计划系统。电子表软件不能简化预测步骤，但在业务量较大时可以显著提高预测速度；交互式财务预测模型比电子表软件功能强，可以通过"人机对话"进行"反向操作"；综合数据库财务计划系统是三类软件中功能最强大的，它可以同时为企业提供健全的历史资料库和模型库。预测人员在实际预测各项数据时，只需从模型库中选择适当的预测模型即可，使用起来较为方便。

第80招　企业价值评估的目的

　　价值评估是对企业全部或部分价值进行估价的过程。价值评估作为企业业绩评价的手段或方法，已被越来越多的人所接受或采用。为什么企业价值评估如此受重视？为什么企业评价或财务评价要进行企业价值评估呢？

1. 现代企业目标决定了价值评估的重要性

　　现代企业制度作为一种资本雇佣劳动制，企业资本所有者是企业的所有者，资本增值是资本所有者投资的根本目的，也是企业经营的目标所在。资本增值的衡量离不开价值评估。无论是评估企业价值还是股东价值，都需要进行价值评估。

2. 价值是衡量业绩的最佳标准

　　价值之所以是业绩评价的最佳标准：一是因为它是要求完整信息的唯一标准，为进行价值评估，就需要有企业长期的利润表、资产负债表和现金流量表的信息，没有这种完整的信息，就无法准确评估企业价值。而其他业绩衡量标准，都不需要完整信息。二是因为价值评估是面向未来的评估，它考虑长期利益，而不是短期利益。

3. 价值增加有利于企业各利益主体

　　现代企业财务目标存在股东价值最大化与企业价值最大化的争论。其实两者并不一定矛盾。研究表明，股东是公司中为增加自己权益而同时增加其他利益方权益的唯一利益主体。这说明股东要使其自身价值增加，必须保证其他利益主体的价值增加。

4. 价值评估是企业种种重要财务活动的基本行为准则

　　例如，企业合并和杠杆收购；证券分析师寻找被低估价值的股票；证券商为原始股定价；潜在投资者选择新的投资机会；公司选择股票回购的最佳时机；信用分析师了解贷款风险等，都需要进行价值评估。

第81招　企业价值评估的内容与方法

1. 价值评估的内容

价值评估的内容就是要明确对企业什么价值进行评估。

（1）企业价值与股东价值。企业价值是指企业全部资产的价值。股东价值亦称资本价值，是指企业净资产价值。由于"资产=负债+净资产"，因此，无论评估企业价值，还是评估股东价值，都是相互关联的。我们既可从评估企业价值入手评估股东价值，也可从评估股东价值入手评估企业价值，但应注意其评价中所需信息的不同。

（2）持续经营价值与清算价值。企业的持续经营价值与清算价值可能是不同的。进行价值评估时应根据评估对象的具体情况，考虑应选择的价值。有的企业清算价值高于持续经营价值，有的企业持续经营价值高于清算价值，企业公允的市场价值应是持续经营价值和清算价值中较高的一个。

（3）少数股权价值与控股权价值。价值评估通常以股票或债券市场价格为基础进行。企业市场价值是评估企业经营业绩的重要指标和资本成本的主要决定因素。但是，应当指出，市场价值衡量的是少数股权价值，不是控股权交易的可靠价格指标。

2. 价值评估的方法

价值评估的方法很多，目前较为流行的方法有：①以现金流量为基础的价值评估。②以经济利润为基础的价值评估。③以价格比为基础的价值评估。

第82招　以现金流量为基础的价值评估

1. 以现金流量为基础的价值评估概述

（1）以现金流量为基础的价值评估意义。一般财务理论认为，企业价值应该与企业未来资本收益的现值相等。企业未来资本收益可用股利、净利润、息税前利润和净现金流量等表示。不同的表示方法，反映的企业价值内涵是不同的。利用净现金流量作为资本收益进行折现，被认为是较理想的价值评估方法。因为,净现金流量与以会计为基础计算的股利及利润指标相比，更能全面、精确地反映所有价值因素。

（2）以现金流量为基础的价值评估方法。以现金流量为基础的价值评估的基本程序　公式为：

企业经营价值=明确预测期内现金净流量现值+明确预测期后现金净流量现值

企业价值=企业经营价值+非经营投资价值

股东价值=企业价值−债务价值

2. 有明确预测期现金净流量现值估算

确定有明确预测期的现金净流量现值是企业价值评估的最重要内容。要正确预测其现金净流量现值，需要按以下步骤进行。

（1）定预测期。本部分研究的是有明确预测期现金流量现值确定问题。所谓有明确预测期，是指预测期是有限的，而不是无限的。从预测的准确性、必要性角度考虑，通常预测期为5～10年。

（2）测经营现金净流量。经营现金净流量是相对非经营投资而言的，它是指可提供给企业所有者和债权人的经营现金流量总额。经营现金净流量的计算有两种基本方法：

第一种基本方法为：现金净流量=息前税后利润－净投资

其中：

息前税后利润=净利润+利息

净投资=总投资－折旧

式中的总投资是指企业新的资本投资总额，包括资本支出、流动资产及其他资产投资。折旧包括固定资产折旧和无形资产及递延资产摊销等。

第二种基本方法为：现金净流量=毛现金流量－总投资

其中：

毛现金流量=息前税后利润+折旧

进行现金净流量预测，首先应对企业绩效进行分析，将财务分析与产业结构分析结合在一起，并对公司实力和弱点进行质的评估。同时从信贷角度了解公司的财务状况。

在对企业历史绩效进行分析之后，便可进行企业未来绩效的预测了。预测绩效的关键是明确影响企业价值或现金净流量的因素，包括时间因素。在预测各种价值影响因素的基础上，可形成预测利润表、资产负债表以及需要的个别项目，然后将这些详细资料综合起来，用于预测现金净流量等价值驱动因素。

（3）确定折现率。企业经营现金净流量折现率的高低，主要取决于企业资本成本的水平。为了与现金流量定义相一致，用于现金净流量折现的折现率应反映所有资本提供者按照各自对企业总资本的相对贡献而加权的资本机会成本，即加权平均的资本成本。由于个别资本成本的高低取决于投资者从其他同等风险投资中可望得到的报酬率，因此，折现率的高低必须能准确反映现金净流量的风险程度。只有折现率准确反映现金净流量的风险，价值评估结果才能准确；否则，不正确的折现率将会使价值评估结果偏高或偏低。加权平均资本成本的计算公式为：

加权平均资本成本=平均股权资本成本×股权资本构成+平均负债资本成本×负债资构成

可见，进行加权平均资本成本估算：一要确定资本结构或资本成本加权权数；二要估算股权资本成本；三要估算负债资本成本。

确定进行价值评估的公司的目标资本结构，建议综合采用三种方法：第一，尽量估算以现实市场价值为基础的公司资本结构；第二，考虑可比公司的资本结构；第三，考虑管理层筹资方针及其对目标资本结构的影响。

关于平均股权资本成本和平均负债资本成本的估算方法可在个别股权资本成本和个别负债资本成本估算的基础上采用加权平均方法进行。

（4）估算现金净流量现值。

经营现金净流量现值=$\sum$经营现金净流量$_t$/（1+折现率）^{t}

应当注意，使用现金流量折现法的关键是保持现金流量与贴现率的匹配，用加权平均资本成本贴现股权现金流量会导致股权价值偏高；如果使用股本成本贴现公司现金流量，又会低估公司价值。如果被估价的资产当前的现金流量为正，并且可以比较可靠地估计未来现金流量的发生时间；同时，根据现金流量的风险特征又能够确定恰当的贴现率，那么就适合采用现金流量贴现法。但是在现实生活中，陷入财务拮据状态的公司。收益呈周期性的公司，拥有未被利用资产的公司，有专利权或产品选择权的公司等，现金流量的预测和贴现率的确定存在一定困难。

3. 明确预测期后现金净流量现值估算

有明确预测期以后公司预期现金流量现值估算亦称连续价值估算。使用连续价值公式便不再需要详细预测延长期公司的现金流量。用现金流量折现法进行连续价值估算，可供选择的方法有长期明确预测法、现金净流量恒值增长公式法和价值驱动因素公式法。第一种方法实质上与有明确预测期的现金流量现值估算方法相同，只是预测期加长（75年或更长）。这种方法不但麻烦，而且也无必要，通常选择后两种方法。

（1）现金净流量恒值增长公式法的估算公式为：

连续价值=明确预测期后第一年现金净流量正常水平/（加权平均资本成本-现金净流量期增长率恒值）　　　　　　　　　　　　　　（公式一）

使用公式（一）应当注意：第一，这一公式假定企业现金净流量在连续价值期间内的增长率不变；第二，现金净流量预期增长率恒值应小于加权平均资本成本；第三，必须正确估算预测期后第一年的现金净流量正常水平，使之与预测增长率相一致。

（2）价值驱动因素公式法的估算公式为：

连续价值={明确预测期后第一年息前税后利润正常水平×［1–（息前税后利润预期增长率值/新投资净额的预期回报率）］}/（加权平均资本成本–息前税后利润预期增长率恒值　　　　　　　　　　　　　　　　（公式二）

在特定情况下，采用这两种方法计算的连续价值结果是相同的。如某企业有明确预测期后第一年现金净流量正常水平为330万元，息前税后利润正常水平为660万元，以后每年的增长率均为6%，新投资净额的预期回报率为12%，该企业加权平均资本成本为11%，则采用公式一计算的连续价值为：

连续价值=330/（11%–6%）=6 600（万元）

采用公式二计算的连续价值为：

连续价值=［660×（1–6%/12%）］（11%–6%）=6 600（万元）

无论采用何种方法，都涉及确定预测期、估计明确预测期后现金流量或利润水平及其增长率、加权平均资本成本估算及折现三个问题。

预测期的选择取决于采用有明确预测期现金流量折现法时选择的期限。应当指出，虽然选择明确预测期十分重要，但它并不影响公司价值，只关系到明确的预测期与以后年份公司的价值如何分配。

关于息前税后利润、现金净流量、新投资净额预期回报率、息前税后利润和现金净流量的增长率的确定，是涉及企业价值评估的重要参数，应结合各自特点，采取相应方法进行预测。

加权平均资本成本是进行连续价值折现的基础，资本成本确定可参照前述方法进行。

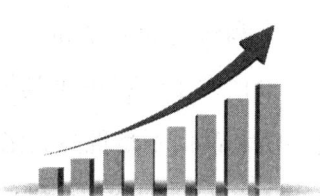

第83招 以经济利润为基础的价值评估

1. 以经济利润为基础的价值评估特点与优点

以经济利润为基础的价值评估认为，企业价值等于投资资本额加上相当于未来每年创造超额收益现值，即：

企业价值=投资资本+预计创造超额收益现值

而企业未来每年创造超额收益，实质上反映了企业未来的非正常收益或超额利润。在经济学中，通常将这种非正常收益定义为经济利润。而后来人们在以价值为基础的管理中又将其定义为附加经济价值（或EVA）。

经济利润或附加经济价值=息前税后利润-资本费用

以经济利润为基础的评估方法优于现金流量贴现法之处在于，经济利润可以了解公司在单一时期内所创造的价值。经济利润等于投资资本回报率与资本成本之差乘以投资成本，因此经济利润将价值驱动因素、投资资本回报率和增长率转化为一个数字（增长率最终关系到投资资本数额或公司规模）。计算经济利润的另一途径是用息前税后利润减去资本费用，这里的资本费用是指全部资本成本，不仅仅是债务利息。经济利润的方法说明公司价值是投资资本和预计经济利润的现值之和。只有当公司利润多于或少于加权平均的资本成本时，公司价值才多于或少于其投资资本。它与现金流量法的区别就是折现的是预计的经济利润而不是现金流量。

2. 以经济利润为基础的价值评估方法

（1）经济利润或EVA预测。

第一，经济利润或EVA一般计算公式。前面谈到，经济利润或EVA实质上是一种超额利润，根据其内涵，经济利润可用下式计算：

经济利润=息前税后利润-资本费用

=息前税后利润-（投资资本×加权平均的资本成本）

=投资资本×（投资资本回报率-加权平均的资本成本）

上述计算是站在企业角度，考虑全部投资资本所计算的经济利润。如果站在企业所有者角度考虑，经济利润或超额利润是归属企业所有者的，则经济利润可用下式计算：

经济利润=税后利润-产权资本费用

=税后利润-（所有者权益×产权资本成本）

=所有者权益×（净资产收益率-产权资本成本）

以经济利润为基础的价值评估方法的关键在于经济利润预测。如果有明确预测期较长，预测经济利润可直接运用上述公式，逐年预测。如果考虑有明确预测期的经济利润和明确预测期以后经济利润预测两个阶段，则前者可逐年采用上述公式测算，后者可采用简化公式确定明确预测期后经济利润现值总额。

第二，对EVA计算的探讨。前面谈到，经济利润的本质与国外流行的EVA相同或相似。EVA是英文economic value added的缩写，其中文含义，有人译为附加经济价值，有人译为资本所增加的经济价值或收益，也有人将其译为附加经济价值规则或EVA规则；等等。无论如何翻译，它实质上反映企业价值的增加或资本增值。但是，应当注意，在一些翻译文献中，有的将EVA的计算公式写成：

EVA=扣除调整税的净营业利润或税后利润-资本费用

其中：

扣除调整税的净营业利润=营业利润-所得税额

资本费用=总资本×平均资本成本

上述公式从西方会计学和经济学的角度看是正确的，但是从我国的实际情况看，使用时应注意以下几个问题：

其一，上式中扣除调整税的净营业利润是指营业利润减去所得税额后的余额；而我国现行制度中的税后利润则是指利润总额减去应交所得税后的余额。

其二，上式中的营业利润是指息税前利润，即营业利润中包括利息费用；

而我国现行制度中的营业利润却不包括利息费用在内，利润总额中也不含利息。因此，扣除调整税的净营业利润实际上是息前税后利润。

其三，上式中的总资本是西方经济学中的资本含义，相当于我们通常所说的总资产产，而不是会计平衡公式（资产=负债+资本）中的资本含义。

其四，上式中的平均资本成本是以股本成本和负债成本为基数，以资本构成率和负债构成率为权数的一个加权平均数，正确确定股本成本及负债成本是计算平均资本成本的关键.

但是，从目前一些介绍和应用EVA的文章看，往往忽视了这些问题，出现了一些不应有的误解和错误，如有人直接将经济附加价值的公式写成：

附加经济价值（EVA）=税后利润-股本成本-借贷成本

（2）经济利润折现。经济利润现值计算的一般公式为：

$$经济利润现值=\sum 经济利润_t/（1+折现率）^t$$

应当注意，由于经济利润是一种超额利润，归企业所有者所有，因此，经济利润现值应反映对股东价值的增值。从这点考虑，折现率应采用产权资本成本，而不应是加权平均资本成本。另外，这一公式主要用于有明确预测期的经济利润折现，对于明确预测期以后经济利润折现，可直接用下列公式：

$$明确预测期后经济利润现值=连续价值/（1+折现率）^n$$

其中 n 代表有明确预测期的最后一年。

（3）投资资本确定。企业价值评估中的投资资本是指预测期初的投资资本。由于投资资本于预测期初发生，因此，投资资本本身价值或账面价值与其现值相同，通常可用投资资本的账面价值直接作为以经济利润为基础的价值评估法中企业价值的组成部分。

（4）企业价值确定。在上述三个步骤基础上，运用下式可确定企业价值：

企业价值=投资资本+明确预测期经济利润现值+明确预测期后经济利润现值

第84招　以价格比或价格乘数为基础的价值评估

价格是价值的货币表现。企业价值或股东价值往往可通过企业股票价格来体现。而企业股票价格的高低与企业的收益、销售额和资产账面价值等都直接相关。因此，企业价值可表现为价格比与相关价格比基数的乘积，用公式表示为：

企业价值=价格比×相关价格比基数

1. 价格比的形式

最常用的价格比有三个，即市盈率或价格与收益比、市场价格与账面价值比和价格与销售额比。

价格或市盈率与收益比的计算公式为：

价格与收益比=每股市价／每股收益

在此情况下，企业价值随预期收益的增长变化而成正比例变化。

市场价格与账面价值比的计算公式为：

市场价格与账面价值比=每股市价／每股净资产

市价与账面价值比因公司的未来产权收益率、账面价值的增长和风险（决定折现率的差别）的不同而在公司之间有所不同。

价格与销售额比的计算公式为：

价格与销售额比=每股价格／每股销售额

它可以被看做价格与收益比和收益与销售额比的乘积。因此，除了解释价格与收益比变化的因素外，价格与销售额比随着预期利润率的变化而呈正比例变化。

2. 相关价格比基数

相关价格比基数根据价格比的不同而有所不同。价格比的分母正是相关价格比基数，如价格与收益比的相关价格比基数就是企业的收益；而市场价格与账面价值比的相关价格比基数，则是企业的账面净资产；价格与销售额比的相关价格比基数是销售额。进行价值评估时，必须保证价格比和相关价格比基数的一致性。

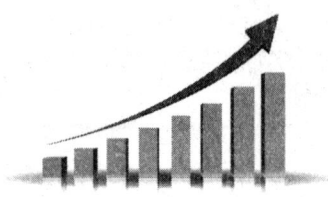

财报附注分析

第85招　财报附注分析的意义

附注是对资产负债表、利润表、现金流量表以及股东权益变动表等财报中列示项目的明细描述，以及对未能在这些报表中列示项目的说明。

就财报本身而言，它是会计确认和计量的产物，其格式的固定性以及以数字和货币计量单位为主要表述手段的特征，注定其所揭示的信息具有一定的局限性。而且在新经济时代，以历史成本为计量基础的财报模式正面临着很大的挑战，人们对于那些定性的、不确定的以及非价值的信息的披露要求越来越高，不拘一格的财报附注将会起到越来越重要的作用。迎合用户信息需求，会计附注变得越来越充实，也越来越庞大，并成为财报不可或缺的重要组成部分。

证券业一名资深人士在谈及对上市公司财报的分析及利用时曾经说过："表外信息可能比报表本身更重要。"

许多精明的人意识到任何一家上市公司都存在问题或风险，他们深入研究财报附注，就是试图透过附注找出上市公司存在问题或风险的线索，找出调查分析的重点。他们建议阅读和分析一家上市公司的财报时，应该首先阅读和分析财报附注，认为财报附注越详细，财报就可能越真实，于是附注就成了他们辨别上市公司财报真实程度的基本方法之一，而且在实践中这似乎的确卓见成效。

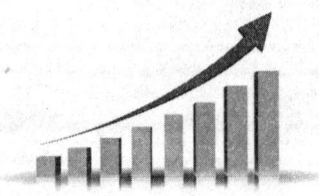

第86招　关于附注时代的辩证观

　　对于附注时代的来临，我们应本着辩证的观点看问题。如今庞大的附注已经形成对相对寒酸的财报主表的映衬，如此似非而是地"舍本逐末"，颇具有讽刺意味，又比较耐人寻味。主表之所以成为主表，在于它是财报的核心，在于它经过严谨程序的提炼而成为报告的精华，这也是会计的真正意义所在。附注等表外信息作为"着眼于用户"的外在体现，是对主表的补充、解释、说明，本来就是从属于主表的。可是当前公司的上市报告书，附注信息明显占据远较主表为多的大量篇幅，加之上面信息使用者具有代表性的表态，表里表外事实上已分不清主次。

　　除了受报表的格式、项目的约束外，相当一部分信息是因受会计平衡机制和确认计量制度的局限，而只好旁落于主表之外。如上所述的对历史成本信息用现值进行的重新描述，因不符合会计要素定义而不能纳入会计程序的重要知识性资产的评估，对因多种计量方式和会计政策选择而造成的不一致的必要解释，更有在"避风港"掩护下的预测性信息披露等，正不断地壮大表外信息的力量。目前，会计界似乎已经或正在形成一种习惯，即对于会计上尚不能找到更好的办法解决的问题，就把它们塞进附注里。针对环境的变化与问题的迭出，会计政策如果一味地头痛医头、脚痛医脚（现行会计政策似乎难避其嫌），而不去从根本上改造传统会计的内在运行机制，只好眼睁睁地看着表外信息的日益膨胀。有人戏称会计已进入"附注时代"。

　　显而易见，附注几乎成了会计解决棘手问题的缓冲器。当前对信息最终披露的强调，使得会计即便采取了不一贯或不适当的会计政策，却可以因为在附注中作了披露而显得心安理得。这将意味着进一步牺牲主表的质量，加大信息利用的迷惑性和难度，因为附注并不意味着会计本身质量的提高，相反，它基本无须严谨会计程序的过滤，即绕过了会计专门技术的加工。

这种只要结果不要过程的处理方式以及由此滋生的不规范性和随意性风险，不能不让人们对会计处理信息的能力产生怀疑和忧虑。因此，对于所谓的会计"附注时代"，宁可看成是历史性的错位，并指望通过会计理论的突破和会计制度的创新来加以纠正。同时，应该能够看到，附注现象在很大程度上是与上述有关问题紧密联系并交织在一起的，上述问题的解决，不仅使主表信息变得价值斐然，而且会因现有大量附注信息向主表的归拢而使整个报表体系变得更加简洁和富有效率。

第87招　附注内容安排及其作用

　　财报附注的内容主要起着两大方面的作用：一是为便于财报使用者理解财报的内容，而对财报的编制基础、编制依据、编制原则和方法及主要项目等所作的解释；二是对财报未能揭示的重要信息予以披露，以进一步扩大财报的信息含量，增强其有用性。

　　例如，对于一种经济业务，可能存在不同的会计原则和会计处理方法，也就是说有不同的会计政策可供选择。如果不交代财报中的这些项目是采用什么原则和方法确定的，就会给财报使用者理解财报带来一定的困难，这就需要在财报附注中加以说明。又如，财报由于形式的限制，只能按大类设置项目，至于各项目内部的情况以及项目背后的情况往往难以在表内反映。

　　如资产负债表中的应收账款只是一个年末余额，至于各项应收账款的账龄情况就无从得知，而这方面信息对于财报使用者了解企业信用资产质量却是必要的，所以往往需要在财报附注中提供应收账款账龄方面的信息。

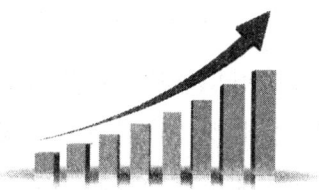

第88招　财报附注的主要内容

按照现行《企业会计准则》的规定，附注应当按照顺序披露以下有关内容：企业基本情况；财报的编制基础；遵循企业会计准则的声明；重要会计政策和会计估计；会计政策、会计估计变更以及差错更正的说明；重要报表项目的说明；其他需要说明的重要事项；等等。从流行的会计实务来看，财报附注具有比较规范的模板，对于财报的阅读者而言，很多公司的财报附注已经给人留下千篇一律和敷衍了事的印象，对于那些走过场式的套话，阅读者可以尽量跳过去，以免造成视觉疲劳。如公司遵循企业会计准则的声明，不过是一些安慰人心的言辞，这应构成公司编制财报的不言而喻的前提。还有公司基本情况的说明，报告使用人可以根据自己的特殊需求进行阅读，并对公司高层更迭等方面的敏感信息予以关注。下面主要挑选一些重要的、颇具信息含量和技术含量的附注信息加以简评。

1. 重要会计政策的说明

作为现代会计实务的一个主要特点，就是针对企业经济业务的复杂化和多样化，对于某项经济业务或事项，往往有多种会计计量基础、会计处理原则和方法可供选择，这些都是令人头疼的会计政策，企业选择不同的会计政策，对于企业财务状况、经营成果等的影响也会不同，会计信息的相关性也会产生差异。为了有助于使用者理解财报的信息，就有必要对一些重要的会计政策进行披露。例如，企业需要披露的重要的会计政策包括：财报项目的计量基础，是采用历史成本计量属性，还是重置成本、可变现净值、现值和公允价值等计量属性；会计政策的确定依据，如融资租赁的判定标准，如何界定交易性金融资产和可供出售金融资产；如何确定合并财报范围等；重要经济业务的会计处理方法，如存货计价采用先进先出法，还是加权平均法、个别计价法等，固定资产折旧是采用平均年限法、工作量法，还是采用双倍余额递减法或年数总和法，长期股权投资采用成本法还是权益法，等等。

2. 重要会计估计的说明

在会计实务中充满着不确定性和职业判断，这使得会计估计比较流行并充满了灰色区域。企业应当在财报附注中披露会计估计所采用的关键假设和不确定因素的确定依据。比如固定资产、无形资产的折旧或摊销期限的确定，在进行减值测试和估计资产减值损失的时候，确定资产可收回金额需要考虑哪些不确定因素；对于产品质量保证损失、未决诉讼损失等预计负债的金额如何加以合理确定；等等。

3. 会计政策和会计估计变更以及差错更正的说明

会计政策和会计估计变更以及差错更正都属于比较敏感的事项，除非特殊规定，企业不得随意变更会计政策和会计估计；否则，属于滥用会计政策和会计估计，应当视同重大差错处理。财报使用人应当充分理解企业会计政策、会计估计变更的理由、变更的影响后果，并据以进行比较和判断。在会计实务中，由于对于会计政策、会计估计变更的认定直接影响到会计处理方法的选择，因此，企业应当确认变更的具体情形，即企业应当在会计政策变更和会计估计变更之间正确地加以界定。这里主要存在三条判定标准：一是以会计确认是否发生变更作为判断基础，会计确认如果发生变化，则属于会计政策变更，比如借款费用资本化条件的变化就属于会计政策变更；二是以计量基础是否发生变更作为判断基础，如果计量基础发生变化，如采用成本模式计量的资产改用公允价值计量，则属于会计政策变更；三是以财报列报项目是否发生变更作为判断基础，如商品流通企业将进货费用从过去计入销售费用的做法改为计入进货成本，则属于会计政策变更。根据会计确认、计量基础和列报项目所选择的、为取得与资产负债表项目有关的金额或数值所采用的处理方法，属于会计估计，其相应的变更属于会计估计变更。

4. 报表重要项目的说明

对于报表重要项目的说明具有注释的作用。企业在财报中以文字和数字相结合，尽可能采用列表方式披露财报重要项目的构成或当期增减变动情况的明细资料，并与财报项目彼此互相参照。在披露这些项目注释的顺序上，一般应当与资产负债表、利润表、现金流量表和股东权益变动表的顺序以及报表项目列示的顺序保持一致。财报项目注释使读表人对于报表数据的理解会更加具体、清晰，也更加准确和到位。比如对于应收账款，财报附注中可以编制账龄分析表，对于不同的拖欠款项，提供计提坏账准备的具体明细，使得管理者和报表使用人都能够从自身角度，对应收账款存在的信用风险和真实价值得出自己的理解和判断。诸如此类的项目注释可能会有很多很多，对于企业编表人来讲是一项繁重的工作，可以本着重要性原则予以取舍。

如果股民对房地产股票比较关注，就需要留心附注中对于开发项目进展期限的披露情况。例如，城投控股（600649）在2009年半年报附注中披露项目成本可以作为估计后期收入的依据（见表88-1）。

表88-1　　　　半年报附注披露项目成本资料　　　　单位：元

项　　目	预计或实际开工时间	预计或实际竣工时间	期末数	期初数
新凯家园项目	2008年4月	2009年12月	574 776 431.60	339 048 867.44
上海新城厢项目	2009年10月	2012年12月	4 890 714 271.80	4 725 423 932.31
松江区泗泾土地	2010年5月	2013年9月	227 205 079.80	226 765 079.80
昊淞路项目	2009年12月	2011年	400 044 960.32	
其他项目	2008年8月	2010年5月	652 669 349.15	410 529 217.51
合　　计			6 745 410 092.67	5 701 967 097.06

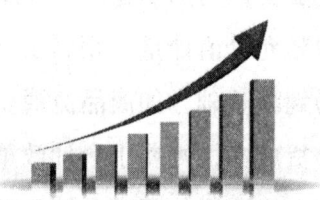

第89招　附注披露分部报表的意义

　　随着现代经济的飞速发展，企业面临的市场竞争越来越激烈，市场风险不断增大。在这种环境中，企业越来越清醒地意识到只有做大做强才能在市场竞争中站稳脚跟。因此，各企业纷纷通过兼并等手段拓展经营领域，实行多种经营的战略，从而成为跨行业经营企业。同时，随着世界经济的一体化，企业的活动范围也不再受到国家或地区的限制，而成为跨地区企业甚至跨国企业。而各行业、各地区的情况千差万别，存在着不同的风险和收益，如果企业仍作为一个整体对外披露其合并财报，必然掩盖了企业内部不同的风险和收益，不能满足信息使用者的要求。因此，分部报告应运而生。企业提供分部信息，能够帮助会计信息使用者更好地理解企业的经营业绩，有助于正确评估企业的风险和报酬，以便更好地把握企业整体的经营情况，对未来的发展趋势作出合理的预期。试想一家跨A和B两个产业的企业，某年度A产业的盈利是6 000万元，而在B产业上该企业亏损了4 000万元。仅从企业的合并报表来看，企业的情况是好的，但是管理者无法从合并报表中了解这2 000万元的利润中究竟A和B的贡献各是多少。如果管理者单凭这2 000万元就沾沾自喜，再给B产业追加投资，其结果必然是灾难性的。如果有分部报告就可以避免这样的问题，因为它将不同风险和报酬的产业和地区分开，所披露的信息可以帮助企业管理当局了解各产业或地区的经营成果和财务状况，及时发现经营中存在的问题，着眼于核心竞争能力的培育，在经营产业或地区上有所取舍，从而促使经营策略更加科学合理。

　　在我国，国家早已放松了对一些行业和市场的限制，企业的经营行为日益复杂多样，特别是加入WTO之后，有越来越多的企业实行跨行业、跨地区甚至跨国经营。就实际情况来看，近些年来，我国企业向集团化、多元化发展的趋势十分明显，其中部分企业取得了成功，但也存在相当数量的企业在多元化的道路上越走越偏，以致陷入困境。这些企业（包括部分上市公司）在许多不相关的领域内大量投资，资金分布十分分散，弱化了企业对经营的控制能力，在一些业务上的投资回报率极低，甚至出现亏损。然而，合并财报使得企业可以利用在某一产业的较高盈利能力来掩盖其他产业的低盈利能力甚至亏损，从而促使股票投资者作出该企业经营正常甚至稳定增长的错误判断。这不仅会直接导致投资者的决策失误，而且还可能降低股票市场的效率，甚至影响股票市场调节功能的发挥。分部报告作为弥补整体报表缺陷的一种手段，有利于促进非对称信息问题的解决，在实际操作中具有十分重要的意义。

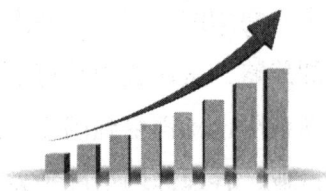

第90招　报表分部的确定

对于存在多种经营或跨地区经营的企业，在披露分部报告信息时，应以对外提供的财报为基础，将报告分部区分为地区分部和业务分部两种类型。分部的划分是分部报告的基础，也是直接影响分部信息质量的因素。从理论上讲，影响分部划分的中心问题是风险和收益，即将风险和收益相同或相似的组成部分作为一个分部，而将具有不同风险和收益的组成部分分为多个分部。而在实务中，如何界定"不同的风险和收益"，即如何划分分部则成为近来争论的焦点。《企业会计准则》充分考虑了这一原则，对于业务分部和地区分部的划分给出了一些具有可行性的操作指南。

根据《企业会计准则》的规定，业务分部是指企业内可区分的、能够提供单项或一组相关产品或劳务的组成部分。该组成部分承担了不同于其他组成部分的风险和报酬。对于某些企业而言，某一业务部门可能是一个业务分部，也可能由若干个业务部门组成一个业务分部；企业可能将生产某一种产品或提供某种劳务的部门作为一个业务分部，也可能将生产若干种（一组）相关产品或提供一组劳务的部门作为一个业务分部。在通常情况下，一个企业的内部组织和管理结构，以及向董事会或者类似机构的内部报告制度，是企业确定分部的基础。

与业务分部的划分相类似，地区分部是指企业内可区分的、能够在一个特定的经济环境内提供产品或劳务的组成部分。该组成部分承担了不同于在其他经济环境内提供产品或劳务的组成部分的风险和报酬。作为某个地区分部的生产或经营区域，应当具有相同或相似的风险和报酬率。这一区域可以是单一国家（或地区），也可以是两个或两个以上具有相同或相似经营风险和报酬的国家（或地区）的组合；可以是一个国家内的一个行政区域，也可以是一个国家两个或两个以上行政区域的组合。对于在具有重大不同风险和报酬环境中经营的区域，则不能将其作为同一个地区分部处理。

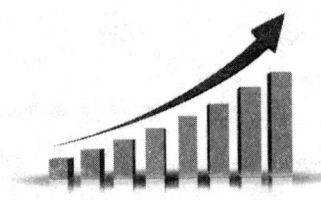

第91招　分部报表的信息内容

　　企业应本着重要性标准确定报告分部，并在披露分部信息时，将报告分部区分为主要报告形式和次要报告形式，并进行相应的信息披露。

　　作为主要报告形式，按规定应当披露较为详细的分部信息；而作为次要报告形式，则可以披露较为简化的分部信息。

　　企业确定分部信息披露的主要报告形式和次要报告形式的原则在于两点：

　　一是以风险和报酬的主要来源和性质为基础确定主要报告形式和次要报告形式。如果企业的风险和报酬主要是受其提供的产品和劳务的差异影响的，披露分部信息的主要形式应当是业务分部，次要形式是地区分部；反之亦然。

　　二是内部管理结构及内部财报制度是确定主要报告形式和次要报告形式应考虑的主要因素。企业的内部组织和管理结构以及企业向董事会或类似机构报告所采用的内部财报制度，通常表明了该企业面临的经营风险和报酬的主要来源，当然也有存在例外的情形，可以根据具体情况予以具体分析。

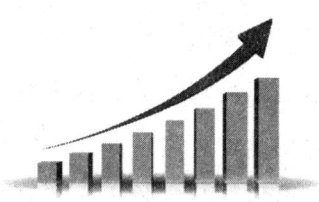

第92招　分析主要报表分部信息

在主要报告形式情况下，不论作为报告分部的是业务分部还是地区分部，都应当按规定披露下列分部信息。

1. 分部收入

分部收入包括归属于分部的对外交易收入和对其他分部交易收入。分部收入主要由可归属于分部的对外交易收入构成，通常为营业收入。企业在披露分部收入时，对外交易收入和对其他分部交易收入应当分别披露。可以归属分部的收入来源于两个渠道：一是可以直接归属于分部的收入，即直接由分部的业务交易而产生；二是可以间接归属于分部的收入，即将企业交易产生的收入在相关分部之间进行分配，按属于某分部的收入金额确认为分部收入。提请注意：分部收入通常不包括利息收入和股利收入（日常活动具有金融性质的除外）、营业外收入、处置投资产生的净收益（日常活动具有金融性质的除外）、采用权益法核算的长期股权投资在被投资单位发生的净利润中应承担的份额等项目。首先，在一般情况下，企业是以企业整体为基础来计划和管理投资、融资行为的，与某个分部的经营无直接关联。因此，利息和股利收入通常不是其个别分部的日常经营活动的一部分，因预付或借给其他分部款项而确认的利息收入也是如此。但是，如果分部经营主要是金融性质的活动，分部收入就将包括利息收入、股利收入以及出售投资和清偿债务实现的利得等。其次，由于分部利润（亏损）采用的是日常经营收入的概念，与日常经营收入无关的营业外收入就不应包括在内。再次，企业处置投资产生的净收益，包括出售投资获得的收益以及债务清偿所获得的收益两部分，同样不属于企业的营业收入范畴，因此也不应包括在分部收入中，但分部日常活动具有金融性质的除外。

2. 分部费用

分部费用包括可以归属于分部的对外交易费用和对其他分部交易费用。主要由可归属于分部的对外交易费用构成，通常包括营业成本、营业税金及附加和销售费用等。企业在披露分部费用时，折旧费、摊销费以及其他重大的非现金费用应当单独披露。与分部收入的确认相同，这里可以归属分部的费用也来源于两个渠道：一是可以直接归属于分部的费用，即直接由分部的业务交易而发生；二是可以间接归属于分部的费用，即将企业交易发生的费用在相关分部之间进行分配，按属于某分部的费用金额确认为分部费用。与分部收入的确定相对应，分部费用通常也不包括利息费用（分部日常活动具有金融性质的除外）、营业外支出、处置投资发生的净损失（分部日常活动具有金融性质的除外）、采用权益法核算的长期股权投资在被投资单位发生的净损失中应承担的份额、所得税费用以及与企业整体相关的管理费用和其他费用等。这里特别说明的是，企业所得税通常是企业整体税收政策所考虑的内容而非某一分部活动所考虑的，因此，分部费用通常不包括所得税费用。至于那些与企业整体相关的管理费用和其他费用，由于这些费用通常与整个企业相关，而非与某个特定分部相关，因此不应当包括在分部费用中。当然也有例外情形，比如企业代某个所属分部所支付的费用，当这些费用与分部的经营活动相关且能直接归属于或能按合理的基础分配给该分部时，则属于分部费用。

3. 分部利润（亏损）

分部利润（亏损）与企业的利润（亏损）总额或净利润（净亏损）包含的内容不同。分部利润（亏损）特指分部收入减去分部费用后的余额。至于那些不属于分部收入的总部的收入和营业外收入等，以及不属于分部费用的所得税、营业外支出等，在计算分部利润（亏损）时不在考虑之内。企业在披露分部信息时，分部利润（亏损）应当单独进行披露。如果企业需要提供合并财报的，分部利润（亏损）应当在调整少数股东损益前确定。

4. 分部资产

分部资产包括企业在分部的经营中使用的、可直接归属于该分部的资产，以及能够以合理的基础分配给该分部的资产。分部资产的披露金额应当按照扣除相关累计折旧或摊销额以及累计减值准备后的金额确定，即按照分部资产的账面价值来确定。具体披露分部资产总额时，当期发生的在建工程成本总额、购置的固定资产和无形资产的成本总额应当单独披露。对于不属于任何一个分部的资产，应当作为其他项目单独披露。

5. 分部负债

分部负债是指分部经营活动形成的可归属于该分部的负债，不包括递延所得税负债。与分部资产的确认条件相同，分部负债的确认也应当符合下列两个条件：一是可直接归属于该分部；二是能够以合理的基础分配给该分部。分部负债应当包括但不限于以下项目：应付账款、其他应付款、预收账款和预计负债等。分部负债通常不包括下列项目：借款、应付债券、融资租入固定资产所发生的相关债务、在经营活动之外为融资目的而承担的负债、递延所得税负债等。在一般情况下，企业发生的借款或发行的债券通常是以整个企业为基础而发生或发行的，不可能直接归属于某个分部。但是，如果某个分部的分部费用包括利息支出，那么其分部负债中就应包含该项借款或应付债券。对于不属于任何一个分部的负债，应当作为其他项目单独披露。

下面我们以华域汽车（600741）为例来分析其2009年半年报分部会计信息（见表92-1）。

表92-1　　　　　　　　　半年报分部会计信息分析

项目名称	营业收入（万元）	营业利润（万元）	毛利率（%）	占主营业务收入比例（%）
内外饰件类（产品）	575 681.98	96 132.92	16.70	71.27
功能性总成件类（产品）	205 201.74	28 526.70	13.90	25.40
热加工类（产品）	26 885.82	2 619.68	9.74	3.33
合计（产品）	807 769.55	127 279.31	15.76	100.00
国内（地区）	807 769.55	—	—	100.00
合计（地区）	807 769.55	—	—	100.00

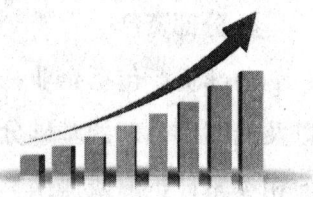

第93招　分析次要报表分部信息

1. 业务分部为主要报告形式下次要信息的披露

根据《企业会计准则》的规定，分部信息的主要报告形式是业务分部的，企业应当就次要报告形式披露下列信息：

（1）对外交易收入占企业对外交易收入总额10%或者以上的地区分部，以外部客户所在地为基础披露对外交易收入。

（2）分部资产占所有地区分部资产总额10%或者以上的地区分部，以资产所在地为基础披露分部资产总额。

2. 地区分部为主要报告形式下次要信息的披露

分部信息的主要报告形式是地区分部的，企业应当就次要报告形式披露下列信息：

（1）对外交易收入占企业对外交易收入总额10%或者以上的业务分部，应当披露对外交易收入。

（2）分部资产占所有业务分部资产总额10%或者以上的业务分部，应当披露分部资产总额。

财报的粉饰与识别

第94招　财报粉饰的动机分析

财报粉饰是会计造假的最大手法之一，应当说，这是会计舞弊行为中的一个重灾区。财报粉饰行为在我国企业中已经是一种普遍现象，从中农信倒闭、株洲有色巨亏、琼名源事件，到中创集团、海南发展银行被接管、广东国际信托投资公司被关闭，一直到震惊中外的银广夏事件，都充分暴露了财报造假形势的严重性。

那么，这些企业为什么要对财报进行粉饰呢？深刻剖析其原因，常见的粉饰财报的动机主要有以下几种。

1. 为了给业绩考核脸上贴金

考核企业的经营业绩，一般总是要求以财务指标为基础，如利润（或扭亏）计划的完成情况、投资回报率、产值、销售收入、国有资产保值增值率、资产周转率和销售利润率等，这些都是经营业绩的重要考核指标。而这些财务指标的计算，都要涉及会计数据。除了内部考核以外，外部考核，如行业排行榜，主要也是根据销售收入、资产总额、利润总额来加以确定的。而且，更为重要的是，经营业绩的考核，不仅涉及企业总体经营情况的评价，还涉及企业厂长、经理的经营管理业绩的评定，并影响到其提升、奖金福利等方面。为了在经营业绩上多得分，企业就有可能对其财报进行包装、粉饰。

可见，基于业绩考核而进行的财报造假，是最常见的动机。

2. 为了获取信贷资金和商业信用

从事企业经营的人都知道，目前的企业外部环境，仍然是热衷于"锦上添花"，而不愿意"雪中送炭"。而企业需要的则恰恰相反。锦上添花可有可无，雪中送炭则大大欢迎。这样，企业为了获得外界的资助，就需要通过财报来欺骗舆论和外界。对于这些企业来说，对会计报表进行造假，实在是不得已而为之。因为他们"不说假话办不成大事"、"不做假表贷不到巨款"。

事实上，在市场经济条件下，银行等金融机构出于风险考虑和自我保护的原因，一般也不会贷款给亏损企业和缺乏资信的企业。这样两者结合的结果，就只能导致企业为了获得金融机构的信贷资金或者其他供应商的商业信用，即使是经营业绩欠佳、财务状况不健全，也要对其财报进行修饰打扮，力图"花枝招展"。

3. 为了发行股票早日上市

股票发行分为首次发行（IPO）和后续发行（配股）两种情况。根据《公司法》等法律规定，如果企业要发行股票争取上市，就必须连续3年盈利，而且要经营业绩比较突出，这样有可能通过证监会的审批。除此以外，股票发行的价格高低也与盈利能力有关。

这样，准备上市的企业为了能够多募集资金，就必须"塑造"优良业绩的形象，其主要手段就是在设计股份制改革方案的时候，对财报进行粉饰。这是一种情况。另外一种情况是，上市企业希望能够后续发行，这首先需要符合配股条件，那就是企业最近3年的净资产收益率，每年必须在10%以上。这样，10%的配股就成了上市企业的"生命线"。

特别是在有些企业里，3年时间中只有一两年达到要求，"功亏一篑"，他们迫切需要伪造会计报表，以求顺利过关。

4. 为了偷逃税款或者操纵股价

所得税的上缴，是在会计利润的基础上，通过纳税调整来进行计算的。具体方法是，将会计利润调整为应纳税所得额，再乘以企业适用的所得税税率。企业为了达到偷税、漏税、减少或者推迟纳税的目的，就往往会对财报进行粉饰。当然，也有的企业愿意虚增利润"多交税"。这些企业是不是"学雷锋"呢？当然不是。这样做的目的，是为了造成一种虚假现象，表明自己的"盈利能力"不错，同时也是为了操纵股价。这真是一种"吹牛皮纳税"行为。

5. 为了某种政治企图

有些企业的财报，主要是对主管部门和政府部门负责的。换句话说，是给上级部门看的。对于这种企业而言，粉饰财报的目的，就是为了某种政治企图。如国有企业走出困境、是否完成扭亏目标等。财报上"好看"，厂长、经理就会"前途光明"，甚至连升三级，否则很可能连职位也难保。

在现实经济生活中经常有这样的情况，某些企业的经济效益会出现大幅度的大起大落。

企业搞好了，厂长经理就提拔为政府主管部门的市长、局长，继任厂长经理来了，才发现原来这家企业是虚盈实亏，碍于老厂长是现任局长、市长的面子，谁也不提"虚盈实亏"这件事，只好"默默地承受这一切，承受着数不清的春来冬去"。一般需要花两三年时间，来消化这笔历史包袱。

两三年时间过去了，企业的效益又有可能上去了，这时候的厂长经理又会得到提拔重用。企业又重复着前面的故事。这就是在财报上"绣花"的结果。

6. 为了推卸企业和个人的责任

主要情形表现在以下几个方面：

（1）企业在调动高级管理人员的时候，一般要进行离任审计。离任审计的时候，财报会根据"需要"进行调节，暴露或者不暴露业已存在的许多问题。等到新任领导上台以后，为了明确责任或者推卸责任，往往要大刀阔斧地对陈年老账进行清理，这时候同样也会存在财报上的造假。

（2）这几年会计准则、会计制度变化比较频繁，而每当会计制度发生重大变化的时候，就会根据新制度的要求，重新编制和调整会计报表。这时候也是财报粉饰的好机会。因为可以通过这种方式，提前消化潜亏，并将责任归咎于新的会计准则和会计制度。

（3）当企业发生天灾人祸的时候，具体地说是发生了自然灾害，或者高级管理人员卷入经济案件的时候，企业很可能利用这种机会对会计报表进行粉饰，以便推卸责任。

以蓝田股份（原代码600709，现已退市）为例，分析其当年的疑点如下：2000年，蓝田股份的流动资产占资产百分比是同业平均值的约1/3；而存货占流

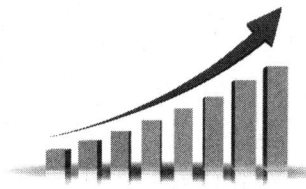

动资产百分比高于同业平均值约3倍；固定资产占资产百分比高于同业平均值1倍多；在产品占存货百分比高于同业平均值1倍。蓝田股份的在产品占存货百分比和固定资产占资产百分比异常高于同业平均水平，蓝田股份的在产品和固定资产的数据是虚假的。

仅凭以上分析就可以在当时远离该股。

第95招　财报粉饰的类型

会计凭证、会计账簿作为会计核算的基础资料，一般不对外公开，而财报则是公开给报表使用者的。财报所提供的会计信息如果是虚假的，其直接结果将是误导报表使用者，使其作出错误的决策。假报表最常见的几种形式如下。

1. 虚报盈亏

企业的财报必须真实、准确、全面地反映其经营成果和财务状况。但一些企业置国家法律法规于不顾，出于各种目的，随意调整财报，虚报或瞒报经营业绩，把财报变成可随意控制变化的"橡皮泥"，造出为自己所用的财报，如有的企业对财政的报表是穷账，以骗取财政补贴等各种优惠政策；对银行的报表是富账，以显示其良好的资产状况，骗取银行贷款；对税务的报表是亏账，以偷逃各种税收；对企业主管部门的报表是盈账，以显示其经营业绩、骗取荣誉等，这些虚假的财报，无论在宏观上还是微观上，对国家、对企业，甚至对经营者和财会人员本身都是后患无穷的。

2. 移花接木

有些公司眼看公司效益马上支撑不住了，就把应当入账的费用挂靠在其他应收款账户，通过推迟费用的入账时间，来达到"降低"本期费用的目的。等到以后适当的时机，再把这笔"陈年旧账"拿出来晒太阳，通过某种途径消化掉，或者干脆就把它永远打入"十八层地狱"，把它"冷冻"起来，永世不得翻身。

3. 账表不符

财报是根据会计账簿分析填列的，其数据直接或间接来源于会计账簿所记录的数据，因此，账表必须相符。但账表不相符的情况时有发生。

例如，审计人员审计某企业时发现，资产负债表中账表不一致金额达3.58亿元，主要是编制资产负债表时一些科目归类汇总不符合会计制度的规定，造成表中个别项目金额大于账中金额，个别项目金额小于账中金额；利润表中账表不一致的金额达97亿元，主要是企业在编制利润表时将代理业务收入计入自营业务收入项目，虚假增大了企业自营业务。

又如，某单位为了压低库存商品结存额，少反映库存积压额，直接在资产负债表中冲减库存商品300万元，计入"待处理财产损益"账户，造成账表不符等。

4. 表表不符

有关财报之间以及各财报内各项目之间存在着一定的勾稽关系，如资产负债表内各类资产合计应等于资产总计，流动负债、长期负债与所有者权益合计应等于负债与所有者权益总计，资产总计应等于负债与所有者权益总计；资产负债表中未分配利润应与利润分配表中未分配利润一致；等等。

5. 编造财报骗取贷款

财报的另外一大功效，就是可以掩人耳目，在以假乱真的同时，达到骗取贷款的目的。

在这里，顺便揭露一个事实，那就是各类非金融机构的高息揽存，往往会造成无力支付本金的结果。企业和这些机构打交道，要特别留心。

6. 编制合并财报时弄虚作假

这类行为主要是指：

（1）合并财报编制范围不当，将符合编制合并财报条件的未进行合并，不符合编制合并财报条件的反而合并或不按规定正确合并。

（2）合并资产负债表的抵销项目不完整，尤其是内部债权债务不区分集团内部和外部的往来，使得合并抵销时不能全部抵销。

（3）合并利润表时内部抵销不完整，外销和内销部分没有正确区分，使得内部金额不能全部抵销，未实现内部销售利润计算错误。

例如，某企业共有投资项目20个，其中全资子公司3家，控股企业（包括实质上拥有控制权）12家，该企业编制合并财报时只合并了3家全资子公司，对另外12家控股企业未按会计制度规定的权益法合并其财报，造成该企业财报中资产数额只反映对这12家控股企业的原始投资额，而未反映整个企业的整体资产数额。

又如，某企业编制合并财报时，将与内部某子公司的往来款1.7亿元没有进行抵销，而是简单地相加合并，造成合并财报中资产负债同时虚增1.7亿元，会计信息失真。

再如，某财务公司为了掩盖信贷资产质量差的现实，在汇总所属部门决算时，将部分逾期贷款转入正常贷款账户，少报逾期贷款20多亿元。

7. 财报附注说明不完整

有些企业在某一时期发生了重要事项，如前后各期采用的会计政策发生了变化，但附注对其变化原因、产生的影响等没有作出说明。

例如，某企业年初使用加权平均法计算结转销售成本应为501万元，但该企业账面记录的结转销售成本为603万元，经查明，该企业为了完成年度销售利润计划，在年中将上半年使用的加权平均法计算结转销售成本，擅自改为定额结转法结转销售成本，造成期末存货增加，本期销售成本降低，从而使销售利润增加，制造完成销售利润的虚假表象，但企业在财报附注中对此没有作出说明。

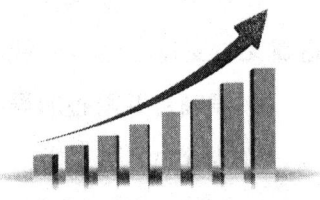

第96招　财报粉饰的方法

根据前述财报粉饰的动机，可将财报粉饰的方法归纳如下。

1. 粉饰经营业绩的方法

企业经营业绩以利润指标表示，根据粉饰经营业绩的需要，操作利润的形式也呈现出多样化。具体地看，有如下操纵方法。

（1）利润最小化。利润最小化除了可减少纳税之外，还可以将以后年度的亏损前置于本年度，回避企业连续多年亏损的事实。比如我国上市公司如果连续3年亏损，那么将被摘牌。典型的利润最小化的操纵方法有：推迟确认收入、提前结转成本、使用加速折旧法和将应予资本化的费用列入当期损益等。

（2）利润最大化。利润最大化的动机容易理解。它不外乎是希望通过提升企业业绩水平来获取本不能获得的经济利益。操纵的典型做法有：提前确认收入、推迟结转成本、潜亏挂账、资产重组和关联方交易等。

（3）利润清洗（利润巨额冲销）。利润巨额冲销的目的，一般是为了回避责任。比如企业更换主要经营者时，新任经营者为了自身的经营目标得以顺利实现，往往会采用这类方法粉饰财报。典型做法是：将坏账、积压的存货、长期投资损失、闲置的固定资产、待处理资产盈亏等一系列不良或虚拟资产一次性处理为损失。

（4）利润均衡化。企业将利润均衡化的主要目的是：塑造企业生产经营稳定的外部形象，以获取较高的资信等级，为对外筹措资金打下基础。典型的做法是：利用应收应付账户、跨期摊提账户和递延账户来调节利润，精心设计出企业利润稳步增长的趋势。

2. 粉饰财务状况的方法

一个企业财务状况的好坏与其资产负债状况密切相关。因此，粉饰财务状况主要是从操纵企业的资产和负债入手。具体地看，有如下的操纵方法。

（1）低估负债。低估负债可从形式上降低企业财务风险，有利于对外筹措资金。比如企业在争取银行贷款和发行债券时，为了提高信用级别，就有低估负债来降低财务风险的欲望。典型做法是：将负债隐藏于关联企业和对或有负债不加以披露等。

（2）高估资产。高估资产除可获得改善企业财务状况有利于对外筹资的利益之外，还可获得股权方面的潜在利益。例如，当企业对外投资和进行股份制改造时，往往倾向于高估资产价值，以便获得较大比例的股权。典型做法是：编造理由进行资产评估和虚构资产交易业务等。

总之，财报粉饰的动机决定了财报粉饰的类型。例如，以业绩考核、获取信贷资金、发行股票和仕途晋升等为目的，财报粉饰一般以利润最大化、利润均衡化，以及高估资产和低估负债的形式出现；而以减少纳税、推卸责任等为目标的，财报粉饰一般以利润最小化、利润清洗，以及低估资产和高估负债的形式出现。就财报粉饰对与企业相关利益主体经济利益的影响来看，危害最大的财报粉饰是利润最大化或虚盈实亏，以及高估资产和低估负债等类型。

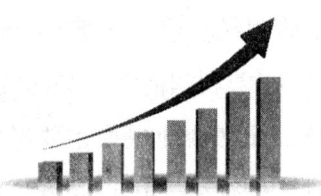

第97招 财报粉饰的行业特点分析

行业是影响财报陷阱的一个重要因素。例如，近年来，从行业的角度分析，在汽车、房地产业快速增长的直接带动下，周围的机械、钢铁、化工、电力、建材等行业也呈现出良好的增长态势。因此，这些行业内公司有望取得超出整体水平的收益。传统上，行业有夕阳行业与朝阳行业之分，而更多的则属于中性行业。处于经济飞速发展的阶段，几乎各行业的发展前景均十分广阔，然而行业之间发展速度仍然有差异，如通讯、计算机要比能源、制造行业发展更为迅速。医药、化工可能仍处于高速发展阶段，服务业有着更为广阔的发展空间。实证研究表明，计算机及数据处理服务行业、科学和医药仪器制造行业、家庭用具及电气设备制造业和计算机制造业等行业的公司财报陷阱舞弊比较集中。

1.通过"公司简介"分析

公司年度财报的"公司简介"部分，基本上描述了公司所处的行业，浏览这项内容可以减少就公司本身分析的误差。同时，企业所处的行业以及生产经营特点在很大程度上决定了企业的资产结构、资本结构、收入的确认方式、费用的结构、盈利模式以及现金流量的特征等，这为企业间财务状况的比较奠定了基础。例如，高科技行业的特性为：资本密集；专业经营；技术密集；国际分工。

2.通过"董事会报告"分析

公司年度财报的董事会报告向投资者陈述了报告期内公司经营情况、财务状况和投资情况等基本信息，包括分析报告期内主营业务或其结构及主营业务盈利能力较前一报告期发生较大变化的情况，并会重点介绍生产经营的主要产品或提供服务及其市场占有率情况，分行业、分产品对公司的主营业务进行披露，其中包括公司涉及各行业的收入、成本、毛利率及其与上年同比增减情况。这一方面是方便监管部门通过公司同行业同比分析，关注净资产收益率远高于行业平均或一般的净资产收益率的特殊公司，尽早发现并释放"高风险"公司的潜在风险；同时也是为了方便投资者从中分析公司报告期盈利的产品类别、行业构成、市场分布情况，以及核心经营业务的盈利波动情况，分析公司的"核心竞争力"。投资者还可从中辨别公司股票是否是市场传闻所言的"概念股"、"指标股"。例如，上海某公司被市场称为"电子商务指标股"、"网络指标股"，而其相关定期财报明确显示，该公司主要产品是食品生产，电子商务、网络所占比例并不大。

3. 通过分部报告分析

年度财报要求公司编制分部报告充分披露主营业务的范围及经营状况，公司主营业务涉及具有不同风险的行业、地区的，要分别阐述占报告期主营业务收入10%（含10%）以上的经营业务所在的行业或地区，主营业务收入及主营业务成本；报告期内主营业务发生的变化；主要产品的市场占有率情况；对报告期净利润产生重大影响的其他经营业务。实际上，这一部分是投资者最为关心的重要内容之一，一些公司其主要收入究竟来自于哪些业务，这些业务的发展状况如何，都是投资者非常想了解的。

仍然以蓝田股份（原代码600709，现已退市）为例，蓝田股份2000年年报显示，公司的蓝田野藕汁、野莲汁饮料销售收入达5亿元之巨。在一般人的眼里，全国应该到处都卖蓝田野藕汁、野莲汁，而且很热销，但是全国很多地方的投资者表示，并没有看到这种热销场面，甚至在当地市场根本没有见到过野藕汁，看到的只是中央电视台连篇累牍的广告。

此外，资料还显示，蓝田股份有约20万亩大湖围养湖面及部分精养鱼池，仅水产品每年都卖几亿元，而且全都是现金交易。然而，渔网围着的20万亩水面到底装了多少鱼？没有人能说清楚，也就没有人知道有多少存货了。再与同样地处湖北的武昌鱼以及相距不远的湖南洞庭水殖相比，其高出几倍的毛利率非常令人难以置信。

第98招　财报陷阱预兆信号分析

"冰冻三尺，非一日之寒"。众多财报陷阱案例表明，企业存在财务危机都不是一朝一夕所致，财报陷阱一般要持续相当久的一段时间。

企业在出现财务危机之前，其实早有种种不祥的预兆信号逐渐浮现。财报陷阱预兆信号分析是对影响公司绩效的各种陷阱环境预兆信号进行分析，找出可能存在的影响财报真实性的环境预兆信号和证据，从而判断其存在财报陷阱的可能性和严重性。

对财报陷阱的识别，首先要找到陷阱设置的线索，这主要体现为财报陷阱预兆信号。在财报陷阱的分析与识别中，我们要根据信息作出决策，但信息量极大，真假信息难以识别。如何通过不同信号来判断信息的真伪，尤其是在无数信息中，找出最关键的信息，是作出正确判断的基础。识别公司的财报陷阱，从关注内部预兆信号入手，可以掌握分析重点，寻找线索，找出突破口，判断财务资料的可信度，为财报分析者提供一些警讯。

财务信息的确认、计量、记录和报告既服从于技术规范，又受公司治理结构的制约。对于一个内部控制存在重大缺陷的经济主体，其最终的财务产品——财报很难真实、公允。分析人员重点在于评价考虑下列情况。

1. 应付账款规模是否不正常增加

在企业产销较为平稳的条件下，企业的应付账款规模还应该与企业的营业收入保持一定的对应关系。但是，如果企业的购货和销售状况没有发生很大变化，企业的供货商也没有主动放宽赊销的信用政策，则企业应付账款规模的不正常增加可能是企业支付能力恶化、资产质量恶化、利润质量恶化的表现。

2. 应收账款规模是否不正常增加

应收账款与企业营业收入保持一定的对应关系，但同时与企业的信用政策有关，应收账款的不正常增加，有可能是企业为了增加营业收入而放宽信用政策的结果，它可以刺激企业营业收入立即增长，同时企业也面临着未来大量发生坏账的风险。

3. 企业存货周转是否过于缓慢

存货周转过于缓慢，表明企业在产品质量、价格、存货控制或营销策略等方面存在着一些问题。在一定的营业收入的条件下，存货周转越慢，企业占用在存货上的资金也就越多。过多的存货占用，除了占用资金、引起企业过去和未来的利息支出增加以外，还会使企业发生过多的存货损失以及存货保管成本。

4. 企业无形资产规模是否不正常增加

企业自创无形资产所发生的研究和开发支出，一般应计入发生当期的利润表，冲减利润。在资产负债表上作为无形资产列示的无形资产主要是企业从外部取得的无形资产。如果企业无形资产不正常增加，则有可能是因为收入不足以弥补应当归于当期的花费或开支，企业为了减少研究和开发支出对利润表的冲击而利用这些虚拟资产将费用资本化。

5. 企业计提的各种准备是否过低

从企业目前的会计实践来看，企业应当在其对外披露的资产负债表上为短期债权、交易性金融资产、存货以及长期投资计提贬值准备，此外，企业还要对其固定资产计提折旧。但是，企业计提贬值准备以及计提折旧的幅度，取决于企业对有关资产贬值程度的主观认识以及企业会计政策和会计估计的选择。在企业期望利润高估的会计期间，企业往往选择计提较低的准备和折旧。这就等于把应当由现在或以前负担的费用或损失人为地推移到企业未来的会计期间，从而导致企业的后劲不足。因此，以计提过低准备和折旧的方法使企业利润得到的业绩，不应获得好评。

6. 关注企业的现金股利分配政策

企业现金股利分配政策，既可以在一定程度上反映企业利润的质量，也在一定程度上反映企业的管理层对企业未来的信心程度：利润质量不好、对利润支付能力较差，以及对未来盈利能力信心不足的企业，是难以考虑支付大规模的现金股利的。

7. 管理当局与分析人员的关系紧张或异常

包括：频繁变更会计师事务所或解雇审计人员；在重大的会计、审计或信息披露问题上经常与分析人员发生意见分歧；对分析人员提出不合理的要求，如对出具审计报告的时间作出不合理的限制；对分析人员施加限制，使其难以向有关人士进行询证、获取有关信息、与董事会进行有效沟通等；干涉分析人员的审计工作，如试图对分析人员的审计范围或审计项目小组的人员安排施加影响；存在购买会计原则的倾向。对于注册会计师而言，企业是注册会计师的客户。注册会计师一般不轻易失去客户。

只有在审计过程中，注册会计师的意见与企业管理者就报表编制出现重大意见分歧、难以继续合作的条件下，注册会计师才有可能主动放弃客户。因此，对于变更注册会计师（会计师事务所）的企业，会计信息使用者应当考虑企业的管理层在报表编制上的行为是否符合企业会计准则的要求。公司对注册会计师受托进行的审计，应予以协助和配合。如果公司一反常态，对审计人员所需的资料迟迟不予提供，对审计人员的提问不予做答或含糊做答，甚至设置障碍，注册会计师应保持高度警惕。

8. 是否为了达到某个目标，以牺牲企业其他方面的明显利益为代价

如前2年连续亏损，今年经营业绩没有得到根本改善的公司（为了避免被ST处理）；前2年平均净资产报酬率达到10%或6%，今年公司行业不景气的公司（为了争取配股的资格）。

9. 企业是否变更会计政策和会计估计

按照会计信息质量的可比性要求，企业的会计变更政策和会计估计前后各期应保持一致，不得随意变更。但是，企业有可能在不符合上述要求的条件下变更会计政策和会计估计。此时的目的就有可能是为了改善企业的报表利润。因此，在企业面临不良的经营状况，而企业会计政策和会计估计恰恰又有利于企业报表利润的改善状态下的会计政策和会计估计的变更，应当被认为是企业利润状况恶化的一种信号。在企业的管理层曾经有过利用会计手段改善其财报财务状况的"前科"时更是如此。

10. 财报不能及时公开

财报不能及时报送，财务信息公开延迟一般都是财务状况不佳的征兆。但这只是提供一个关于企业财务危机发生可能性的线索，而不能确切地告知是否会发生财务危机。对这样的公司不仅要分析财报，还要关注财报附注以及有关的内幕情况，防范风险。

仍然以蓝田股份（原代码600709，现已退市）为例，蓝田股份2000年年报显示，蓝田股份主营业务收入18.4亿元，而应收账款仅857万元，显然不合常理。

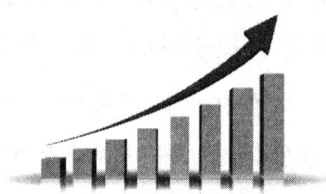

第99招 被粉饰财报的识别方法

财报中是否存在技术性差错或舞弊性错误，可以利用报表与报表之间、同一报表内各项目之间的勾稽关系，以及主表与明细表间的关系和主表与财报附注及其说明的关系等来判断。

1. 分析本期财报与前期财报之间的关系

本期财报与前期财报的勾稽关系包括本期报表有关项目的期初数应等于前期报表的期末数，本期报表有关项目的累计数应等于前期报表的累计数加上本期发生数等。有些被粉饰过的财报的期初数和期末数会产生较大的差异，有的甚至于根本轧不平。

2. 分析同一财报项目之间的勾稽关系

同一财报项目之间的勾稽关系，有诸如"资产=负债+所有者权益"的静态平衡关系、"利润=收入–成本（费用）"的动态平衡关系，以及各项目明细数与合计数的勾稽关系等。一般而言，检查以上两类技术性错误比较容易，只要有会计核算和编制报表技术的基本常识即可。

3. 分析财报与财报项目之间的勾稽关系

财报与财报项目之间的勾稽关系很多，如资产负债表中有关现金及现金等价物期末余额与期初余额之差=现金流量表中现金及现金等价物净增加额，利润表中的净销货额–资产负债表中的应收账款（票据）增加额+预收账款增加额=现金流量表中的销售商品、提供劳务收到的现金，等等。检查这类错误，要求熟悉各张财报的编制理论和编制方法以及项目之间的勾稽关系。

4. 分析财报主表与附表之间的勾稽关系

财报主表与附表之间的勾稽关系，有比较简单的明细合计的关系，也有比较复杂、涉及数张报表发生额和余额的关系。通过主表与附表的逐项对照，可以判明财报编制中是否存在技术性错误或人为操作留下的痕迹。

5. 分析财报与财报附注之间的关系

将财报与其附注相对照，可以了解企业财报的披露政策是否充分合理、会计估计是否科学、会计差错处理是否恰当等方面的信息，为判断企业财报是否存在技术性错误提供有用的信息。

财报的技术性错误往往与财报粉饰的动机交织在一起。因此，纠正财报的技术性错误在一定程度上调整了被粉饰过的财报。对无技术错误的被人粉饰过的财报的分析和调整其难度较大，特别对无法检查企业会计账簿的财报的外部使用者则更是如此。要识别被人为粉饰过的财报，分析者应该了解诸如与企业供应和销售相关的市场信息，与企业所处行业相关的信息等多种宏观和微观的信息，以及应具备丰富的分析经验。除此之外，还要掌握识别财报粉饰的会计分析方法。

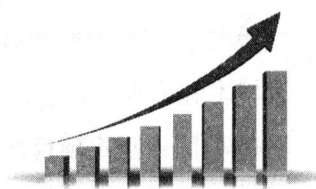

第100招　粉饰金额估计和剔除

1. 关注存货计价

存货在企业的资产中所占的比重一般都比较大。随着企业生产经营过程的进行，有的存货被耗用后形成了在产品成本和产成品成本等，有的存货被销售后形成产品或商品的销售成本，有的存货以销售费用的形式被耗用，有的存货仍以原有形态存在。因此，存货生成的会计信息是否真实、可靠，不仅影响到资产的价值是否准确，同时也影响到损益的确定是否正确。

有关存货的一般公认会计原则、处理程序及应用方法等，具有多重选择性。这给了企业管理者操控会计信息的弹性与空间。虽然会计师的查账报告可就财报的准确性发表意见，但在存货会计的很多领域中，允许企业管理者具有选择的权利。因此，财报分析者必须深入了解企业管理者作出某种选择的动机或意向，从而进行正确的判断。

发生存货的计价方法有先进先出法、加权平均法、移动平均法和个别计价法等。在物价变动时期，不同的计价方法所确定的发出存货金额也不一样。在这里，确实存在着是否人为调节计价方法的问题。

2. 关注虚拟资产

虚拟资产是指资产负债表中的递延所得税资产、待处理流动资产净损失、待处理固定资产净损失、开办费、长期待摊费用、3年以上的应收账款、存货跌价损失和积压损失、投资损失、固定资产跌价损失等。这些项目虽统计在资产之内、计入了资产的价值，但这些项目严格地说是不能够为企业带来未来经济利益的，不是企业真实的资产，只是一种虚拟资产。这种虚拟资产的存在，就为企业操纵利润提供了一个费用和损失的"蓄水池"。它对企业经济活动不能发挥应有的资产作用，但是它影响各有关指标数值，剔除这些项目之后，有利于正确认识企业的财务状况和经营成果，有利于分析预测企业的前景，以便作出正确的决策。

采用这类方法虚增利润的共同特点是：多计虚拟资产，少摊成本费用。换句话说，企业可以通过递延摊销，少摊销或不摊销已经发生的费用和损失来增加利润，即通过增加虚拟资产来虚增利润。识别时，应重点检查各类虚拟资产项目的明细表，以及注意财报附注中关于虚拟资产确认和摊销的会计政策，特别注意本年度增加较大和未予正常摊销的项目。一经查实为操纵行为，应予调整。

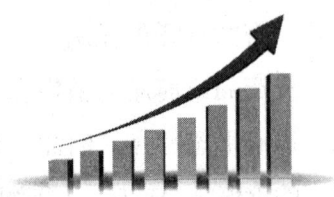